AF469664

REMARQUES

SUR

L'AVARE DE MOLIÈRE

PAR

THÉODORE LORIN.

SOISSONS.

TYPOGRAPHIE ET LITHOGRAPHIE DE A. DECAMP,

Rue Saint-Léger, 5.

1856.

REMARQUES

SUR

L'AVARE DE MOLIÈRE.

OBSERVATIONS GÉNÉRALES.

Fille de l'égoïsme, l'avarice est une des passions les plus basses, les plus viles et les plus funestes, puisqu'elle tend à briser tous les liens de la société et de la famille. Aussi a-t-elle encouru la réprobation unanime des moralistes, des auteurs satiriques anciens et modernes, et même des romanciers. Voyez Theophraste, *caract.* 10; Dion Chrysostome, 4e Disc. *de Regno* etc. etc. Juvénal, Horace, (*) Martial, Montaigne, Math. Régnier, Boileau dans ses *Satires*, et notamment dans la 10e, etc. ont également flétri l'avarice.

Généralement parlant, la dépravation morale ne saurait être un objet de plaisanterie, et sous ce point de vue, ce serait aux moralistes et aux satiriques qu'appartiendrait la tâche de réprimer et de châtier

(*) Horace indique un trait de mesquinerie qui n'est peut-être pas indigne de Molière. Son avare est malade et le médecin lui ordonne un remède peu cher, mais dont le malade trouve encore le prix trop élevé. Qu'importe, dit-il, que je succombe à mon mal, ou que je sois réduit à mourir de faim par une telle prodigalité?

Sume hoc ptisanarium oryzæ :
Quanti emptæ? — Parvo. — Quanti ergo? — Octo assibus. — Eheu!
Quid refert, morbone, an furtis, pereamne rapinis?

Horat. liv. II, *Sat.* 3, v. 155 et suiv.

ce vice odieux, toutefois comme il offre en même temps des nuances nombreuses de ridicule, il rentrait naturellement dans le domaine de la comédie; le théâtre s'en est donc emparé. On sait avec qu'elle vigueur le caractère de l'avare a été tracé par Plaute dans sa comédie intitulée *Aulularia*, à la quelle Molière a emprunté une grande partie de sa pièce. Les Italiens ont aussi traité ce sujet. Sans parler de la comédie de J. B. Gelli, écrivain du 16e siècle, intitulée *la Sporta* (*) imitée de l'*Aululaire* de Plaute, les auteurs de plusieurs farces italiennes ont lancé des traits plus ou moins vifs, plus ou moins heureux contre l'avarice. On verra ci-après, dans les *Observations de détail*, que Molière a su prendre dans ces auteurs les traits qui pouvaient convenir à son sujet.

Je me bornerai à indiquer quelques unes des pièces françaises et étrangères dans les quelles ce caractère a été tracé, soit en tout, soit en partie, et dont la plupart sont postérieures à Molière.

L'*Avare dupé* ou l'*homme de paille*, comédie attribuée à Dorimont, jouée en 1663.

L'*Avare amoureux*, en un acte et en prose, par Daiguilberte, représentée sur le théâtre français en 1729.

(*) *La Sporta* a été imprimée à Florence en 1543 et 1548, et réimprimée plusieurs fois depuis cette époque. Dans les éditions postérieures à celles de 1543 et 1548, on a supprimé quelques traits un peu vifs sur Saint-Martin et sur les Martyrs. Plusieurs écrivains prétendent que *la Sporta* avait été commencée par Machiavel et que ces fragments, laissés par lui à l'un de ses amis tombèrent entre les mains de Gelli, qui termina cette comédie et ne se fit pas scrupule de la publier sous son nom. — Cailhava, *Art de la coméd.*, t. II, ch. 18, fait mention d'une autre imitation de l'*Aululaire*, intitulée *la Cofanaria*. — Feu M. Lemercier, de l'Académie française, a aussi imité en partie l'*Aululaire* dans une pièce intitulée *Plaute*, représentée sur le théâtre Français, et dont le principal rôle était joué par notre célèbre acteur tragique Talma.

Pantalon Avare, canevas de Colalto, théât. ital. 1768.

Harpagon, comédie en trois actes, d'après Molière, arrangée pour un divertissement de jeunes gens, par, M. Alteyrac, professeur au collége de Cambray. Cambray 1806. etc: etc.

Outre sa comédie intitulée *Il geloso avaro*, et l'*Avare fastueux,* comédie en cinq actes représentée à Paris en 1773, Goldoni nous apprend qu'il avait composé une autre comédie intitulée l'*Avare*, mais qu'elle n'a rien de commun avec celle de Molière, « C'est, dit-il, » une autre espèce d'*Avare* qui ne vaut pas les autres : » cependant j'y ai mis assez de feu et assez d'intérêt » pour la faire passer. » GOLDONI, *Mém.*, ch. 45, trad. franç. t. II p. 355. — Quant aux *Deux avares*, opéra comique, paroles de Fenouillot de Falbaire, musique de Grétry, joué en 1770, cette pièce, d'ailleurs très agréable, ne ressemble à celle de Molière, ni pour le sujet ni pour la forme.

Le théâtre anglais nous offre deux comédies de l'*Avare*, mais toutes deux sont imitées de Molière. L'une des ces imitations est de John Shadwell, né vers l'an 1640, poëte dramatique qui n'était pas sans quelque talent, mais qui ne brillait point par la modestie. Si, dit-il dans sa préface, il s'est borné à copier Molière, c'est seulement par paresse, et pour s'éviter la peine de refaire la pièce, qui d'ailleurs n'a pu que gagner à être retouchée par lui, comme toute pièce française à la quelle un auteur anglais voudra bien mettre la main. Au reste, ces prétendus embellissements se bornent à quelques grossièretés dégoûtantes que Shadwell a mises dans la bouche de ses personnages. — On ne doit point porter le même jugement sur l'imitation qu'en donna Fielding en 1733. Voltaire, dans sa vie de Molière, fait un juste éloge de cette pièce, qui obtint trente représentations successives.

Il n'est pas jusqu'aux auteurs dramatiques chinois qui ne se soient égayés aux dépens de l'avarice. Messieurs Julien et Bazin nous ont donné la traduction d'une comédie ou drame, mêlée de couplets, qui finit par ce trait de caractère que Molière n'eût peut-être pas désavoué, mais que d'ailleurs son plan ne lui eût point permis d'employer. « Mon fils, dit » l'avare chinois, ma dernière heure approche. » Quand je ne serai plus, n'oublie pas d'aller récla- » mer les cinq liards que me doit le marchand de » fèves. »

Au reste, l'*Aululaire* de Plaute (*) et l'*Avare* de Molière sont les deux pièces où ce caractère ait été le plus complètement et le mieux tracé, et quoi qu'en puisse dire M. Schlégel, assez partial contre notre théâtre, l'*Avare* de Molière, qu'il traite de *farce compliquée, ennuyeuse, invraisemblable*, est de beaucoup supérieure à son modèle (**). Je ne parlerai pas du dénouement, aussi

---

(*) On sait que la fin de l'*Aululaire* de Plaute n'est point parvenue jusqu'à nous. Quelques écrivains modernes ont essayé de suppléer à cette perte Codrus Urceus, professeur à Bologne, a composé un cinquième acte d'un assez bon style, mais dans lequel, contre toute espèce de vraisemblance, l'avare se convertit et donne à Lyconide la main de sa fille et son trésor. On a composé aussi pour l'*Aululaire* un autre cinquième acte plus vraisemblable, mais qui n'offre pas assez de développement Enfin un écrivain anonyme a fait une imitation en prose de la pièce de Plaute, sous le titre de *Querolus* (le plaignant ou le pleureur), imitation qui a été mise en vers élégiaques au XIIe siècle par Vital de Blois, imprimée en 1595 par Cour. Ritterhuys, et dont feu Ginguené a donné l'analyse. Dans le *Querolus*, le vase où est renfermé le trésor est, non pas une *marmite* comme dans l'*Aululaire*, mais une *urne funéraire*, détail d'ailleurs peu important. Consultez CAILHAVA, *Etud. sur Molière* p. 216. 217; *Théât. complet des Latins*, not. de M. D. Nisard p. XI, etc.

(**) Mercier ne se montre pas moins injuste envers l'*Avare* de

naturel et aussi comique dans Molière qu'il est forcé et invraisemblable dans la pièce latine ; il serait injuste d'en faire un reproche à Plaute, puisque nous ne savons pas quel était le sien ; mais outre que la marche de la pièce française est beaucoup plus régulière, et en même temps plus vive que celle de la pièce latine, que le dialogue est plus serré, les convenances mieux gardées etc., le caractère de l'avare *Harpagon* est tracé d'une manière plus large, plus comique que celui d'*Euclion*. Celui-ci n'est qu'un pauvre diable qui, devenu subitement possesseur d'un trésor, ne s'attache qu'à le conserver intact, et ne se fait remarquer que par une épargne sordide, laquelle tient jusqu'à un certain point aux habitudes de lésine qu'avait dû lui faire contracter l'état de misère dans lequel il vivait (voy. *Aulul.* prolog. v. 13 et 14.) S'il se détermine à aller chez le chef de curie réclamer sa part de la distribution faite aux indigents, c'est moins pour ajouter à la masse qu'il possède, la faible aumône qu'il recevra, que dans la crainte de passer pour riche, et d'éveiller ainsi l'attention des voleurs (*Aulul.* act. 1. sc. 4.) (*) Harpagon ne se

Molière. Selon lui, l'auteur, au lieu de la peinture d'un avare, n'a donné qu'une peinture *fantasque* de la passion de l'avarice. « Aussi, ajoute-t-il, cette pièce dégénère-t-elle en charge, et » n'est-elle le plus souvent qu'une farce » Voy. *Mon Bonnet de Nuit*, tom. III, p. 195 et suiv On sait avec quel dédain le paradoxal auteur du *Tableau de Paris* traite en général nos meilleurs écrivains du siècle de Louis XIV.

(*) Cailhava, *Art de la comméd.*, tom. II, ch. 18, semble regretter que Molière ait négligé cette circonstance. Mais d'abord, notre poëte français fait manifester par Harpagon la même crainte de passer pour riche, lorsqu'il dit à son fils, (act. I, sc 5) que le train qu'il mène et l'élégance de sa parure sont de nature à faire croire que son père jouit d'une très grande fortune, et à *lui faire couper le cou, dans la pensée qu'il est tout cousu de pistoles.* Ensuite la position sociale d'Harpagon ne lui permettrait pas d'aller solliciter une aumône.

borne pas à ce simple caractère de *conservateur*. Ainsi que l'indique son nom (*), il a en même temps cette cupidité, cette rapacité, caractère de l'avarice qui, comme le dit Aristote, « est un composé de ces deux « habitudes, peu donner, et trop prendre. » Voy. *Mém. de l'institut*, sciences morales et polit. tom. II, p. 99, 100 ; caractère plus commun de notre temps que celui des *avares conservateurs*. Harpagon cherche par tous les moyens possibles à augmenter ses richesses et ne recule point devant l'action la plus honteuse pour gagner de l'argent :

Quis metus aut pudor est unquam properantis avari ?
JUVEN. sat. XIV, v. 177.

S'il a enterré avec grand soin une somme d'argent, qu'il n'a d'ailleurs reçue que de la veille (act. I, sc. 5.), c'est seulement pour la mettre à l'abri des voleurs, en attendant l'occasion de la faire travailler, c'est-à-dire de la placer à un gros intérêt. L'usure infâme dont il s'est fait une habitude, son égoïsme, sa conduite envers ses enfants etc. sembleraient au premier abord le rendre trop odieux pour un personnage comique ; mais il devient ridicule, et par conséquent justiciable de la comédie, par la lésinerie qu'il montre lorsqu'il est forcé de donner un repas, le vol d'avoine qu'il fait à ses chevaux, son empressement à marier sa fille sans dot, l'entêtement qu'il met à faire la sourde-oreille quand il s'agit de récompenser l'intriguante Frosine des services qu'il en attend etc. etc. J'ajouterai que Molière, par le soin qu'il a eu de placer Harpagon dans une position sociale plus relevée que celle

(*) Le nom d'*Harpagon* est emprunté de *Codrus Urceus*. « Tenaces nimium nostra ætas tulit, quos *Harpagones*, *Harpigias* » et Tantalos vocare soleo » Ce mot est formé du grec *Harpaghè*, rapine ; *Harpazô*, enlever de vive force, voler, rapiner.

d'Euclion (*) rend ses habitudes d'avarice encore plus ridicules, partant plus comiques, et donne ainsi à la pièce plus de mouvement. Voy. AD. PERLET *Infl. de la comédie sur les mœurs*, p. 85 et 86. Mais ce qui fait de l'*Avare* un chef-d'œuvre, c'est que notre excellent comique, qui connaissait à fond tous les secrets du cœur humain, a su faire ressortir tous les vices que cette passion funeste entraîne après elle. Entièrement absorbé par son amour effréné de l'argent, Harpagon, mauvais père, néglige l'éducation de ses enfants pour lesquels il n'a pas l'ombre du plus léger attachement, et que même, il ne craint pas de le dire, il enterrerait volontiers (act. II, sc. 6). Il s'attire leur désaffection et leur mépris par son infâme conduite, les basses leçons d'usure qu'il donne à son fils etc. En lui refusant l'argent nécessaire aux dépenses qu'il doit faire pour paraître convenablement dans le monde, il le force en quelque sorte à avoir recours aux usuriers. Mauvais maître, laissant mourir de faim les domestiques de sa maison, et même ses chevaux, il n'inspire que la crainte à ses gens, qui de leur côté n'ont pas le moindre attachement pour lui. Dans quelques occasions même, il paraît n'avoir que le degré de probité dont parle Figaro: « tout juste autant qu'il en faut pour n'être pas pendu. » Aussi, comme l'observe judicieusement feu M. Perlet, en est-il puni par les inquiétudes, et les soucis que lui cause l'ardeur des richesses, et les perpétuelles angoisses qu'il éprouve par la crainte de les perdre. — Consultez pour la comparaison de l'*Au-*

(*) Harpagon appartient tout au moins à la haute bourgeoisie, puisqu'il a un carosse, plusieurs domestiques, et même un intendant.

lulaire avec l'*Avare* : LAHARPE, *Cours de littér.*, tome I, liv. I, ch. 6, sect. 2; IDEM, *Ibid.*, sect. 4; CAILHAVA, *Art de la coméd.*, tome II, c. 18; IDEM, *Étud. sur Molière*, p. 211 et suiv. D. NISARD, *Théât. des Latins*, p. XI, etc.

Quelques écrivains ont comparé l'*Avare* de Molière avec celui du roman de Balzac *Eugénie Grandet*, et ont même semblé vouloir accorder la préférence à ce dernier. Pour peu qu'on lise avec attention la pièce de Molière et le roman de Balzac, on verra combien cette opinion est dénuée de fondement. *Grandet*, est-il un bon personnage de roman ? Peut-être oui ; mais dussé-je encourir l'anathème de tous les partisans de l'école moderne, je ne crains pas de dire que, comme personnage de théâtre, il ne peut soutenir la comparaison avec l'*Harpagon* de Molière. Ladre, bas, trivial, il n'inspire que l'aversion et le dégoût : or ces deux sentiments excluent le *vis comica*. On veut, à la comédie, rire d'un ridicule, et non se détourner avec horreur et dégoût d'un vice bas et odieux. C'est sous ce dernier aspect que se montre *Grandet*, lorsqu'il *filoute* les minces réserves de sa femme et de sa fille, et qu'il enferme cette dernière en la mettant au pain et à l'eau, pour avoir disposé d'une somme en or qui lui appartenait légitimement; rigueur, disons le mot, cruauté, qui cause ou du moins accélère la mort de l'infortunée mère. Et cependant, on nous représente Grandet comme ayant pour sa fille une tendresse passionnée, qui, selon la juste observation de M. Perlet est diamétralement opposée à l'avarice, la plus desséchante, la plus exclusive de toutes les passions. Voyez AD. PERLET, *Infl. des mœurs sur la comédie*, p. 18 et suiv. — Les détails minutieux de lésinerie dans lesquels Grandet entre avec sa cuisinière, sont ignobles, et appartiennent exclusivement à la farce. On me dira qu'*Harpagon* fait à peu près la même chose (act. 3, sc. 5); mais Molière a le bon esprit de ne pas s'appesantir sur ces minuties auxqu'elles il consacre à peine quelques lignes. Le seul trait vraiment comique que j'aie remarqué dans le roman de Balzac est lorsque Grandet dit qu'à ses yeux « un banqueroutier est plus coupable » qu'un voleur. » (tom. 1, p. 165). Ce qui, pour le dire en passant, rappelle le mot de M. Vautour : « Quand on ne paie pas exactement son terme, on » est capable de tout. » Je me résume. *Eugénie Grandet*, considéré comme roman, est loin d'être sans mérite; mais le caractère du père avare n'est pas, je le répète, un personnage vraiment comique.

Les commentateurs ne sont point d'accord sur la date de la première représentation de l'*Avare*. On fixe assez généralement cette date à l'année 1668. Voltaire et quelques autres disent que cette pièce fut jouée d'abord avec peu de succès en 1667 ou dans les premiers jours de février 1668, retirée après la septième représentation, et reprise le 9 septembre suivant. Voy. Grimarest, *Vie de Molière*, p. 107; Tallemant des Réaux, *Histor.*, art. Marech. de Brezé., Edit. de Monmerqué tom. II, p. 45 *note*; Cailhava, *Etud. sur Molière*, p. 209, Taschereau, *Hist. de Molière*, liv. III, p. 225; Eug. Noel, *Légend. Mol.*, § 24, p. 48 et suiv, etc. M. Beffara s'est livré à d'exactes et minutieuses recherches sur cette question qui, au demeurant, me parait être d'une importance secondaire. Quant à l'insuccès de cette pièce, on l'attribua généralement, dans le temps, à ce qu'elle était écrite en prose. A quoi pense Molière, disait-on, de vouloir nous faire avaler cinq actes de prose ? Ce n'était pas toutefois, à proprement parler, une innovation. Outre que Molière avait déjà pressenti, à cet égard, le goût du public par sa pièce de *Don Juan*, on avait antérieurement en ce genre, le *Pédant joué* de Cyrano de Bergerac, représenté en 1654, et les comédies de P. Larivey, (*) qui, comme on le verra plus bas, a cherché à établir en principe que la comédie devait toujours être écrite en prose. Peut-être au reste la non réussite de l'*Avare* tient-elle soit aux haines qu'avait excitées contre Molière sa comédie de *Don Juan*, soit, comme le pense M. Taschereau, *Vie de Molière*, p. 288, à la cabale qui voulait interdire à Molière la haute comédie, comme au-dessus de ses moyens, soit enfin à ce que cette pièce est une de celles dont on ne sent pas le mé-

(*) P. Larivey, ou selon d'autres *Arrivabene*, né à Troyes, vers le milieu du 16e siècle, et qui mourut, à ce que l'on croit, en 1612, était originaire d'Italie. Quelques écrivains ont prétendu que sa famille tenait à celle des *Bonaparte* et que son véritable nom était *Bonnepart ;* mais l'opinion la plus généralement reçue est qu'il descendait de la famille des *Giunti* de Florence. Si l'on en croit Grosley, l'ayeul de P. Larivey, étant venu s'établir à Troyes, changea son nom italien de *Giunto* en celui de l'*Arrivé* qui en est la traduction française. Quoi qu'il en soit, on ne connait rien de bien certain sur les circonstances de sa vie. Il nous apprend lui-même, dans l'épitre préliminaire placée en tête de ses comédies, que c'est à l'imitation des Italiens qu'il les a composées. Les comédies de P. Larivey sont en général assez bien conduites pour le temps. Ce n'est encore au reste que la *comédie d'intrigue*, et les bienséances sont loin d'y être observées ni pour les mots, ni pour les situations ; on y rencontre de loin en loin des traits saillants de caractère. Je me bornerai à un exemple. Dans la comédie de *la Veuve* (act. 1, sc. 4.), Guillemette qui, pour le dire en passant, offre quelques traits de ressemblance avec la *Macette* de Régnier, et à qui P. Larivey donne sans plus de façon la dénomination de maque...., ne manque pas de réciter exactement son chapelet et de se confesser souvent. C'est même, dit-elle, en sortant de confesse qu'elle se sent plus disposée *à servir son prochain*, c'est-à-dire à aider un jeune homme dans ses démarches pour enlever une fille. — Molière et Regnard ont emprunté à Larivey quelques-uns des traits les plus plaisants de leurs comédies.

rite véritable à une première lecture. Au reste, si le public reçut froidement ce chef-d'œuvre, les gens de goût n'hésitèrent point à lui rendre justice. Boileau entre autres y prit le plus grand plaisir. Racine, brouillé alors avec Molière (*), reprocha à notre célèbre satiriste d'avoir ri à la représentation de l'*Avare*. Je vous estime trop, répondit Boileau, pour ne pas croire que vous y auriez ri autant que moi, du moins intérieurement.

Pourquoi Molière a-t-il écrit en prose sa comédie de l'*Avare*? Si l'on en croit quelques écrivains, Molière aurait d'abord écrit cette pièce en prose dans le dessein de la versifier ensuite ; mais ses acteurs ne lui en auraient pas donné le temps, et auraient voulu la jouer telle qu'elle était. Voy. VOLTAIRE, *Quest. sur l'encyclopédie* ; LAHARPE, *Cours de littér.*, part. II liv. 1, ch. 6, sect. 4, etc. Cette raison ne saurait être admise. D'abord rien ne pressait Molière. L'*Avare* n'est point une de ces pièces commandées pour une des fêtes de la cour et qu'il était obligé de terminer à telle ou telle époque, et notre célèbre comique n'était pas homme à se laisser dominer par ses acteurs, au point de compromettre, pour obéir à leur caprice, le succès d'une pièce dont il sentait le mérite, et à laquelle il devait attacher de l'intérêt. Ensuite, dans le cas où il aurait cru devoir la mettre en vers, il aurait eu tout le temps de le faire depuis la première

(*) On assigne diverses causes à cette mésintelligence ; selon les uns, Racine attribuait à tort à Molière une parodie d'Andromaque, intitulée la *Folle querelle*, composée par Subligny: selon d'autres au contraire, c'était Molière qui en voulait à Racine pour avoir retiré de son théâtre la tragédie d'*Alexandre*, l'avoir donnée à celui de l'Hôtel de Bourgogne, et lui avoir enlevé la Duparc, une de ses meilleures actrices. Voy. CAILHAVA, *Art de la comédie*, t. II, ch. 18; IDEM, *Études sur Molière*, p. 210 et suiv. etc.

représentation, où elle échoua, jusqu'à l'époque de la reprise qui n'eut lieu que longtemps après, ce qui lui eût été très aisé, vu la facilité avec laquelle il travaillait, témoin la scène du chasseur dans les *Fâcheux* etc. etc. J'estime donc qu'il est plus naturel de croire que ce qui a déterminé Molière, c'est la juste conviction que s'il y a des comédies qui gagnent à être mises en vers, il en est d'autres qu'il est mieux d'écrire en prose. (*) Telle était entr'autres l'opinion de Destouches, voy. DALEMBERT, *Elog. de Boissy, OEuv. phil.*, t. VIII, p. 314, et notes dudit éloge, *Ibid.*, p. 328 etc. Cette opinion a été partagée par nos meilleurs critiques contemporains. « La comédie en prose, dit » M. J. Janin, est faite surtout pour nous raconter les » petits vices de l'heure présente et les mœurs que » chaque matin apporte en riant et que remporte en » s'assombrissant la fin de la journée. On écrit en » prose le *Mariage forcé*, le *Malade imaginaire* : » au contraire, on écrit en vers les aventures solen» nelles, les grands vices, les grandes vertus de la

(*) Larivey va encore plus loin. Selon lui toutes les comédies devraient être écrites en prose. « Si, dit-il, je n'ai voulu, en ce » peu, contre l'opinion de beaucoup, obliger la franchise de ma » liberté de parler à la sévérité de la loy des critiques, qui » veulent que la comédie soit un poëme sujet au nombre et mesure » des vers (ce que, sans me vanter, j'eusse pu faire) je l'ay fait » parce qu'il m'a semblé que le commun peuple, qui est le prin» cipal personnage de la scène, ne s'étudie tant à agencer ses » paroles qu'à publier son affection, qu'il a plustost dite que » pensée. » Il ajoute que si Plaute, Cécilius et Térence ont écrit leurs comédies en vers ïambiques, ces vers sont si semblables à la prose que souvent la prose des orateurs est plus cadencée et plus nombreuse. Il invoque aussi à l'appui du parti qu'il a pris, l'exemple du cardinal Bibieno, de Piccolomini, de l'Arétin, qui, bien qu'ils fussent habiles poëtes, ont cependant écrit leurs comédies en prose. Voy. *Comédies facétieuses* de P. Larivey. Paris 1579 et Troyes 1611, 2 vol. in 12. Epit. prélim. — Sans aller aussi loin que Larivey, j'estime que l'on peut, sans blesser le bon goût écrire en prose des comédies, même en cinq actes.

» comédie. Ici la prose ajoute à la vérité ; plus loin » la poésie ajoute à la vraisemblance, ou plûtot elle » est toute la vraisemblance et toute l'excuse de » l'action dramatique. Le *Tartuffe* en prose aussitôt » devient un mélodrame horrible. Essayez d'écrire » en vers les misères de l'*Avare*, elles ne sont plus à » ma portée, et elles me touchent tout au plus à la » manière de *Britannicus*. *M. de Pourceaugnac* en » vers me produit l'effet d'un affreux portier dégui- » sé en chambellan. Le *Misanthrope* en prose n'est » plus qu'un prédicateur : aussitôt Bourdaloue efface » Molière et le théâtre devient une chaire.... Le vers » bien fait, bien dit, non coupé dans sa vive allure, » à la répartie hardie, à l'interrogation insolente est » sans contredit la langue par excellence de la comé- » die où l'on fait apparaître certains vices et certains » personnages qu'il ne faut pas voir de trop près si on » veut les trouver supportables. » *Feuilleton du Journal des Débats*. 4 février 1856. — Après des observations aussi fines, aussi profondes, aussi judicieuses, me sera-t-il permis de risquer une conjecture? Les vers conviennent peut-être mieux aux pièces dans lesquelles l'auteur veut démontrer par le raisonnement une vérité morale ou philosophique, tracer des portraits qui demandent des développements, un coloris vif, en un mot aux pièces qui admettent ce que l'on appelle des *tirades* ; mais on peut et l'on doit peut-être donner la préférence à la prose, pour celles où le rire domine, et où la vérité que l'on veut établir, le ridicule qu'on veut jeter sur tel ou tel vice, sont le résultat de l'action rapide de la pièce. C'est au goût et à la sagacité de l'auteur à décider si le sujet qu'il traite exige les vers, ou si la prose est préférable.

Au reste le seul essai qu'on ait fait à ma connaissance pour mettre en vers la comédie de l'*Avare* a justifié ce que dit M. Jules Janin. Gabr. Mahiol, auteur assez médiocre, né à Carcassonne, en 1725, et mort en 1791, tenta cette entreprise; mais sa pièce qui parut en 1775 fut reçue froidement du public et n'obtint pas plus de succès lorsqu'on essaya de la re-jouer en 1813 sur le théâtre de l'Impératrice. (*)

Cailhava, après avoir donné à Molière de justes éloges sur l'art avec lequel il a accumulé et amené les divers traits d'avarice d'Harpagon sans nuire à l'unité de temps, le blâme d'avoir moins bien observé l'unité d'action en introduisant dans sa pièce la double intrigue de Valère avec Élise, et de Cléante avec Mariane : celle de Cléante, dit-il, tient à la pièce; mais celle de Valère en est détachée. Voy. *Art de la coméd.*, tom. I, ch. 41. Je me trompe peut-être, mais il me semble que l'intrigue de Valère est presque aussi intimement liée à la pièce que l'autre. Toutes deux tendent à développer le caractère de l'*Avare*, en ce qu'elles sont la suite du peu de soin qu'il donne à surveiller la conduite de ses enfants, absorbé qu'il est par sa vile passion.

M. Schlegel et plusieurs autres d'après lui, ont reproché à Molière d'avoir fait Harpagon *amoureux*, l'avarice, disent-ils, étant une passion trop desséchante pour permettre à celui qui s'y est adonné, d'éprouver un sentiment tendre. Cette critique serait

(*) Le comte de St-Leu (Louis Bonaparte, roi de Hollande et père de l'Empereur Napoléon III) a mis en vers blancs (sans rimes) l'avare de Molière. Je ne connais que de réputation cette pièce qui fait partie de l'ouvrage du comte de St-Leu intitulé *Essai sur la versification*, Rome 1825, 2 vol. in-8° et qui d'ailleurs n'était point destinée au théâtre et n'a point été représentée.

admissible s'il s'agissait de cette union des âmes qui fait le plus doux charme de l'amour ; mais le penchant d'Harpagon pour la jeune Mariane, sentiment qui d'ailleurs est bien loin d'être réciproque, n'est que cet attrait physique que les veillards éprouvent quelquefois pour la beauté. Et puis cette impression est assez légère dans Harpagon et toujours subordonnée à son avarice, ce qui ajoute au comique de la pièce. « Il » vous aime fort, dit l'intrigante Frosine à Mariane, » mais il aime encore mieux son argent. » act. 4, sc. 1. — En effet Harpagon avant de se décider à épouser Mariane veut être bien assuré qu'elle lui apportera quelque bien : (act. 1, sc. 5.) il querelle son fils lorsque celui-ci fait en son nom à Mariane cadeau d'un diamant ; enfin il cède très facilement sa maîtresse pour r'avoir sa chère cassette.

C'est avec aussi peu de justice que plusieurs commentateurs, reprochent à Harpagon de ne plus parler de la cassette qu'il vient de cacher qu'au moment du vol, au lieu que dans Plaute, ce trésor est sans cesse présent à l'esprit de l'Avare, et que les précautions qu'il prend pour conserver sa cassette sont précisément cause qu'elle est volée. Voy. D. Nisard, Anal. de l'Aululaire. *Théât. complet des Latins*, p. xi. J'observerai qu'Harpagon, quoiqu'il ait beaucoup de choses à penser, le mariage de son fils, celui de sa fille, le soin de placer son argent à usure, etc., revient souvent à sa chère cassette. Voy. act. 1, sc. 7 etc., et notamment act. 2, sc. 4, dans un moment où il devrait en être plus distrait, puisqu'il interrompt pour aller voir son argent, un entretien avec Frosine dans lequel il s'agit des mesures à prendre pour la réussite de son mariage. — Quelques critiques ont prétendu aussi que l'incertitude d'Euclion sur l'endroit où il doit cacher son trésor, qu'il dépose tantôt dans son foyer, tantôt dans un temple, tantôt enfin dans un bois consacré à Sylvain, caractérise mieux la défiance naturelle à un avare. Voy. Cailhava, *Art de la coméd.*, t. II, c. 18; Id. *Etud. sur Mol.*, p. 213. Je ne le crois pas. D'ailleurs toutes ces allées et venues ne pouvaient convenir à Harpagon : son trésor placé hors de sa maison aurait couru bien plus de risques, et puis, comme je l'ai dit plus haut, cette cachette n'était que temporaire.

On a fait à l'*Avare* de Molière un reproche plus grave, celui de l'immoralité. De sévères moralistes se sont scandalisés de la légèreté et de l'inconséquence d'Elise qui souffre près d'elle un amant déguisé ; des flagorneries outrées qu'employe Valère pour se faire bien venir d'Harpagon ; et surtout de la conduite dissipée de Cléante, de son manque de respect envers son père, et de la part tacite qu'il prend au vol de la cassette. (Voyez ci-après les *Observations de détail.*) Mais ces torts que Molière est loin de présenter comme des exemples à suivre, ne paraîtront plus aussi graves si l'on réfléchit que tous ces désordres sont dûs à la détestable passion d'Harpagon pour l'argent. Considérées sous ce point de vue, ces circonstances ajoutent au contraire à la moralité de la pièce, puisqu'elles font sentir les fatales conséquences du vice que Molière voulait fronder. Si je ne me trompe, c'est le fond, et non quelques détails isolés qui constituent la moralité ou l'immoralité d'une pièce de théâtre, d'un roman etc. (*). Pour bien juger un ouvrage, il faut, si

(*) Je ne citerai qu'un exemple à l'appui de cette assertion. J.-J. Rousseau, *Emile* liv. 2, jugeant, non sur le fond, mais sur

j'ose m'exprimer ainsi, le regarder d'en haut, afin d'en saisir l'ensemble d'un seul coup d'œil.

Je me contenterai de citer en passant l'anecdote rapportée par Rigoley de Juvigny qui, dans sa *Vie de Piron*, raconte que vers le milieu du 18e siècle, un capitoul de Toulouse croyant se reconnaître dans Harpagon volé par son fils, ordonna que le nommé Molière fût appréhendé au corps et conduit en prison. Je passerai également avec rapidité sur celle d'un homme qui disait en sortant d'une représentation de l'*Avare* : « il y a bien à profiter de la pièce de Molière ; on en peut tirer d'excellents principes d'économie. » Cette dernière anecdote, rapportée par Laharpe, *Cours de littérature*, rappelle celle de l'usurier qui ayant assisté à un sermon contre l'usure, s'empressa d'aller remercier le prédicateur. « Votre éloquence, dit-il, » ne peut manquer de convertir un grand nombre » de mes confrères et me délivrera ainsi d'une fâ» cheuse concurrence. »

Mais laissons ces contes puérils propres tout au plus à figurer dans les *Anas*, et revenons à l'examen de la pièce de Molière.

---

un simple détail, censure amèrement la fable de La Fontaine : *la Cigale et la Fourmi*, dans laquelle il voit *une horrible leçon d'inhumanité*. Sans doute personne n'approuve la dureté moqueuse avec laquelle la fourmi repousse la demande de la cigale ; La Fontaine n'approuve pas non plus ce refus inhumain. Le but de sa fable est de prouver la nécessité du travail et d'une sage prévoyance. Alors la dureté de la fourmi et la plaisanterie insultante qui termine la fable, sont une forte leçon contre la paresse et l'imprévoyance, et montrent que ceux qui sont enclins à ces deux vices s'exposent à tomber dans la misère et à subir en conséquence le dédain, la moquerie et toutes sortes d'humiliations de la part des mauvais riches à qui ils seront forcés d'avoir recours.

PERSONNAGES.

Harpagon. On s'accorde assez généralement à dire que de tous les différents caractères représentés sur notre scène, celui-ci est un des plus vigoureusement tracés et des mieux soutenus. Molière a, comme je l'ai dit plus haut, réuni dans son Harpagon tous les vices de l'avare, et toutefois il a su tempérer par le ridicule ce que cette réunion de vices pouvait offrir d'odieux. Son *héros* (s'il est permis d'user de ce mot en parlant d'un personnage aussi ridicule,) est l'âme de la pièce. « Quand, dit Cailhava, Harpagon est absent, tout » nous parle de son avarice; quand il est sur la » scène, il nous la peint dans tout ce qu'il dit, dans » tout ce qu'il fait: il n'en est pas distrait un seul » moment, même par son amour: il est avare avec sa » maîtresse autant et plus qu'avec les autres. Enfin » c'est son avarice seule qui durant toute la pièce » fait agir tous les personnages, mouvoir tous les res» sorts, et donne le mouvement à toute la machine. » *Art. de la comédie*, t. I, ch. 32. — Molière a mis le portrait d'Harpagon dans la bouche de trois des personnages, *Valère* (act. I, sc. 1), *La Flèche* (act. II, sc. 5), *Maître Jacques* (act. III, sc. 5). Ces trois portraits qui, réunis, ne laissent presque rien à désirer sur la peinture du caractère, sont dessinés sous le point de vue et dans le style de chacun de ses personnages, ce qui est un des grands talents de Molière. Plaute, dans son *Aululaire*, act. II, sc. 4, donne aussi un portrait de son avare, auquel l'auteur français a emprunté quelques traits saillans; mais Plaute fait tracer le sien par un valet qui n'épargne ni les puérilités, ni les jeux de mots grossiers. Notre excellent comique a su de plus mettre aux prises avec l'avarice d'Harpagon, les autres passions qu'il lui donne, son amour, sa jalousie, son désir de faire figure, ou pour parler plus exactement, la nécessité où il est de se livrer à un peu de représentation, combats qui contribuent au développement de son caractère. Voy. VOLTAIRE, *Vie de Molière*; CAILHAVA, *Art de la comédie*, tom. II, ch. 35; *Dict. dramatique* attribué à La Combe, Paris 1776, t. I, p. 266 etc. etc.

CLÉANTE, fils d'Harpagon, offre avec son père un contraste parfait. S'il n'est pas précisément prodigue et dissipateur, il se livre du moins à des dépenses qui, vu la parcimonie de son père, le forçent à des emprunts usuraires. Ce personnage n'est comme tous les autres personnages de la pièce qu'un caractère subalterne, destiné à développer et à faire ressortir celui d'Harpagon. Ce sont, pour ainsi dire, de petits rouages qui viennent s'engrener dans le rouage principal. Cléante, dissipé, adonné, sans d'ailleurs être libertin, à la vie désœuvrée et aux plaisirs de son âge, n'ayant pour son père ni amour, ni respect, n'inspire qu'un très médiocre intérêt; ce qui, au reste, était, je le crois, dans l'intention de l'auteur.

On peut en dire autant d'ÉLISE. Quoique plus sage que son frère, elle n'est cependant pas sans reproche. Abandonnée à elle même, privée de conseils et de l'influence qu'une mère tendre exerce sur sa fille, elle est devenue légère, inconsidérée et ne montre à son père ni l'affection, ni le respect qu'un autre qu'Harpagon en eût sans doute obtenus.

VALÈRE, homme honnête. On lui pardonne, en faveur

de son caractère aimable, de sa droite raison et de ses autres qualités, ses complaisances et ses flagorneries envers Harpagon, dont il s'excuse d'ailleurs lui-même en les rejetant sur la nécessité où il se trouve de ménager le père de sa maîtresse. Bien différent du Lyconide de Plaute qui avoue grossièrement à Euclion qu'il a abusé de sa fille, (act. 4, sc. 10). Valère a su respecter Elise, dont il s'est borné à obtenir une promesse de mariage.

MARIANE, modeste, douce, aimable, intéressante par ses malheurs, son amour, sa soumission pour sa mère, les soins qu'elle lui prodigue. Voyez act. I, sc. 2, act. IV, sc. 1, etc. Caractère bien plus décent, bien plus aimable que celui d'Elise, que jusqu'à un certain point il fait ressortir.

ANSELME. Cailhava me paraît un peu sévère quand il considère ce rôle comme *mauvais*. Il voudrait qu'ainsi que *Mégadore* dans Plaute, *Anselme* parût en scène dans le courant de la pièce, pour demander en personne la main d'*Elise*. Selon lui, les soupçons d'Harpagon, suspectant la sincérité d'Anselme et lui supposant des vues cachées sur sa fortune, auraient fourni à Molière, ce peintre si habile des mœurs, des moyens de faire briller toute sa philosophie. Voy. *Art de la coméd.*, tom 2, ch. 18, p. 275, 291 et suiv. — Me permettra-t-on, de ne pas être ici de l'avis du savant et ingénieux commentateur? La position d'*Anselme* et celle de *Mégadore* sont différentes. Eloigné de son pays dans lequel il ne veut plus retourner, croyant avoir perdu pour jamais sa femme et ses enfants, Anselme cherche, en se mariant, à se procurer dans la nouvelle patrie qu'il a adoptée un intérieur paisible et agréable. Il a entendu parler d'Elise, et a jeté ses vues sur elle. Sa visite est toute naturelle, puisqu'il s'agit de signer le contrat de mariage dont les conditions ont été réglées d'avance. Voy. act. I, sc. 6. Il n'arrive donc pas comme le *Deus in machinâ*, uniquement pour amener le dénouement. Si on l'introduit dès le commencement de la pièce, de deux choses l'une, ou il s'éprendra d'amour pour Elise, et tombera ainsi dans la classe ridicule des vieillards amoureux; son rôle fera de plus un double emploi avec l'amour d'Harpagon ; ou, sage comme il est, dès qu'il aura appris l'amour de sa prétendue pour un autre, il sermonera Harpagon et lui débitera des lieux communs parfaitement inutiles. Il en serait de même des réflexions que l'avare pourrait faire sur *l'avidité des gens riches* etc. D'ailleurs Harpagon philosophe et raisonneur ne serait-il pas un *non-sens*? — J'ajouterai qu'Harpagon sans être, à ce qu'il paraît, intimement lié avec Anselme, doit le connaître assez pour ne pas concevoir sur lui les mêmes soupçons de vues intéressées qu'Euclion suppose à Mégadore. — Il ne peut pas non plus, comme le voudrait Cailhava, calculer les ressources que lui offre *l'alliance avec un gendre si généreux*, encore moins *songer aux dangers que l'on court en s'alliant à plus puissant que soi*, puisque rien n'annonce qu'Anselme l'emporte sur lui, soit par sa richesse, soit par sa position dans le monde.

La Flèche, un de ces valets fripons dont Molière a emprunté le type aux esclaves de la comédie latine. Il est, comme on le voit dans le courant de la pièce, act. 1, sc. 3 etc., attaché exclusivement au service de Cléante : le défiant Harpagon n'aurait pas souffert vingt-quatre heures chez lui un pareil vaurien.

Frosine, intrigante, moins fourbe, moins déhontée que la *Nérine* de Pourceaugnac. Elle est d'un moins bas étage et jouit d'une certaine considération, puisque la mère de Mariane lui permet de chaperonner sa fille. C'est, si je puis m'exprimer ainsi, une *intrigante honnête*. Selon Cailhava, Molière a pu prendre l'idée de ce rôle dans une pièce de Chapuzeau qui a paru successivement sous le titre de l'*Avare dupé* ou l'*Homme de paille*, et sous celui de *la Dame intriguante*, ou *le Riche vilain*. L'intrigante de Chapuzeau se sauve chez Crispin, riche avare, en feignant d'éviter le courroux de son mari. Crispin, qui l'a vue précédemment à Rouen, la reconnaît et passe la nuit avec elle : c'est pendant ce temps que l'on enlève à l'avare sa fille, un ballot et son coffre-fort. Je doute que Molière ait fait réellement cet emprunt à Chapuzeau : au reste les deux rôles n'ont qu'une très légère ressemblance. Frosine intrigante, s'introduisant dans toutes les familles, a pu être antérieurement utile à Harpagon pour ses prêts usuraires, et vient d'ailleurs assez naturellement chez lui comme entremetteuse pour son mariage : son rôle est par conséquent bien loin d'être aussi vil, aussi indécent que celui de la *Dame d'intrigue* de Chapuzeau, et n'a au fond rien de déshonorant pour elle ni pour Harpagon.

Maître Simon, un de ces agens subalternes que la position sociale d'Harpagon l'oblige d'employer pour cacher ses opérations usuraires.

Maître Jacques. Ce nom est devenu en quelque sorte un mot de la langue. Dans Shakespeare, Davy, clerc du juge Shallow, cumule également dans la maison de son maître plus d'un emploi différent.

Voyez la *Tragédie de Henri IV*. A raison de l'utilité dont il est à Harpagon, qui trouverait difficilement pour le remplacer un domestique capable de remplir les fonctions de cocher, de cuisinier etc., Maître Jacques a, jusqu'à un certain point, son franc parler, tandis que les autres n'abordent leur maître qu'en tremblant. — Guillaume, roi d'Angleterre, nommait en plaisantant *Maître Jacques*, son beau père qu'il avait chassé du trône ; mais ce sobriquet n'a pas de rapport avec le *Maître Jacques* de Molière.

Dame Claude, personnage muet. Elle n'est cependant pas entièrement nulle dans la maison d'Harpagon, ni étrangère à la marche de la pièce, puisqu'on voit (act. v, sc. 3), qu'elle a été confidente de l'amour de Valère pour Elise, ce qui sert à jeter un voile de décence sur le séjour de Valère dans la maison de sa maîtresse.

Brindavoine, Lamerluche, personnages presque muets. Avec le caractère sec, égoïste, lésineux d'Harpagon, il ne peut avoir que de piètres domestiques. Il n'eût guère, surtout, été possible d'introduire chez lui une de ces servantes bonnes, franches, dévouées, dont Molière nous a donné le type, qui, nées pour ainsi dire dans la maison, se considèrent comme fesant partie de la famille, et par suite de cette idée, se mêlent quelquefois un peu trop des affaires de leurs maîtres, dont elles défendent d'ailleurs les intérêts comme les leurs propres.

OBSERVATIONS DE DÉTAIL.

ACTE I. — SCÈNE I.

Dans cette scène et dans la suivante, consacrées à l'exposition, l'auteur dévoile à l'avance le caractère d'Harpagon, qui n'a plus ensuite qu'à agir pour se faire complétement connaître. Il prévient les objections qu'on pourrait faire, et qu'on a faites en effet, sur l'inconvenance du déguisement de Valère, de son séjour dans la maison de son amante, et sur l'inconséquence que celle-ci commet en le souffrant près d'elle, inconséquence qui, elle ne se le dissimule pas elle-même, peut attirer sur elle « l'emportement » d'un père, les reproches d'une famille, les censures » du monde. » Au reste, cette légèreté est un peu atténuée par le service important que son amant lui a rendu, et par la crainte qu'elle a d'être sacrifiée par son père qui est impatient de *s'en débarrasser*. Quant aux flagorneries prodiguées à Harpagon, Valère les justifie, jusqu'à un certain point, par le caractère de ce père ombrageux qu'il lui faut ménager, et par le goût général que les hommes ont pour les louanges. « La sincérité, dit-il, souffre un peu » du métier que je fais; mais quand on a besoin des » hommes, il faut s'ajuster à eux, et puisqu'on » ne peut les gagner que par là, ce n'est pas la » faute de ceux qui flattent, mais de ceux qui veulent » être flattés. » S'ensuit-il de là que Molière fasse l'éloge de la flatterie? Non, certes; mais il fait voir que le caractère égoïste et soupçonneux d'Harpagon est la cause de la conduite blâmable de Valère, et il ajoute ainsi un nouveau vernis de ridicule au tableau de son avare. (Voyez ci-dessus *Observ. génér.*)

Vous repentez-vous de l'engagement où mes feux ont pu vous contraindre? Cet *engagement* qui aux yeux de l'inexpériente Elise, équivaut en quelque sorte à un mariage en règle, contribue encore à excuser son imprudence. Observons d'ailleurs, à la louange de Valère, qu'il n'a pas abusé de la légèreté d'Elise.

A vous revêtir de l'emploi de domestique *de mon père.* Si je ne me trompe, *emploi* ne se dit que des occupations un peu relevées. On dit bien *emploi* de *greffier*, de *secrétaire*, de *commis*; mais je doute qu'on puisse dire : *emploi* de *laquais*, de *cordonnier*, etc. : au reste je m'en rapporte. — Dans la farce italienne intitulée : *Arlequin et Célio, valets dans la même maison*, Célio, amoureux de Léonora, se présente en qualité de commis chez Magnifico, père de son amante, dont il parvient à s'attirer toute la confiance, ce qui, comme de raison, excite la jalousie d'Arlequin. Cailhava, en comparant les deux pièces, fait, avec justice, sentir la supériorité de Molière. Voy. *Art de la comédie*, t. II, ch. 18, p. 279 et suiv.

Pardonnez-moi, charmante Elise, si j'en parle ainsi devant vous. Valère cherche à justifier l'espèce d'inconvenance qu'il y a de tracer, devant une fille, un portrait satirique de son père; et cela peut faire supposer qu'Elise, sans avoir conservé tout le respect qu'elle doit au sien, ne l'a pas encore entièrement perdu. C'est ce que pourrait exprimer l'actrice qui joue le rôle d'Elise, par un léger signe muet de mécontentement lorsque Valère parle d'Harpagon.

L'esprit du père et celui du fils sont des choses si

opposées etc. — « A père avare, fils prodigue, » dit le proverbe. Comme je l'ai déjà observé, Molière, en mettant en opposition le goût de Cléante pour la dépense avec l'avarice sordide d'Harpagon, a donné à sa pièce plus de mouvement et j'oserai dire plus de moralité.

Scène 2.

Cette scène continue l'exposition. Quoique absent, Harpagon est toujours présent à l'esprit du spectateur.

Il nous est enjoint de n'en disposer que par leur conduite. Conduite est pris ici dans le sens de *direction, conseils donnés par les parents pour règler les actions et les sentiments de leurs enfants*. Je doute que le mot *conduite* puisse être employé de cette manière.

Ne parlons pas de ma sagesse : il n'est personne qui n'en manque, au moins une fois en sa vie.

« N'est si sage qui ne foloie. »

Roman du Renard, v. 1679.

Elle se nomme Mariane, et vit sous la conduite d'une bonne femme de mère presque toujours malade. Cet état maladif explique pourquoi la mère de Mariane n'accompagne pas sa fille dans sa visite chez Harpagon (act. III, sc. 7) et se fait remplacer par Frosine, ce qui au premier abord paraît peu convenable. — Dans *Arlequin dévaliseur de maisons*, farce italienne, Magnifico est amoureux d'Angélica, jeune étrangère que son fils Célio aime aussi : la belle se trouve fille du docteur (*), et on la marie à Célio. Cailhava observe judicieusement que dans Molière,

---

(*) On sait que le docteur (il *dottore*) est un personnage comique et ridicule, un *rôle à manteau* qui se retrouve dans un grand nombre de canevas italiens.

Mariane, jeune fille modeste, vivant sous les yeux de sa mère, à qui elle prodigue ses soins, est infiniment supérieure à Angélica, qui dans la pièce italienne, s'est fait passer pour une courtisane, et s'est, à ce titre, fait aimer de Magnifico. Voy. CAILHAVA, *Art de la Coméd.*, t. II, ch. 18.

Hé! Que nous servira d'avoir du bien etc? Ce raisonnement, qui est bien d'un jeune homme ami du plaisir, rappelle le proverbe ou dicton populaire : « Il nous viendra des noisettes, quand nous n'aurons » plus de dents. » — Espagnol : « *Da Dios almen-* » *dras a quien no tiene muelas.* » Dieu donne des amandes à ceux qui n'ont plus de dents molaires. — Italien : « *Siemo schemi di tutti i denti allorche viene* » *il pane.* » Nous avons perdu toutes nos dents lorsque vient le pain. — Que me fait la fortune, dit Horace, si je ne puis plus en faire usage?

Quò mihi fortunas, si non conceditur uti ?
Epist. lib. 1, Epist. 5, v. 360.

Si je suis réduit avec vous à chercher tous les jours les secours des marchands etc. La parcimonie d'Harpagon envers ses enfants, les secours donnés par Cléante à Mariane et à sa mère, ainsi que son projet de fuir, s'il le peut, avec sa maîtresse, motivent ses emprunts usuraires, et font qu'on ne le considère pas tout-à-fait comme un dissipateur.

J'entends sa voix; éloignons-nous un peu pour achever notre confidence. — Cette circonstance a le double avantage de motiver la sortie des deux jeunes gens, et de faire connaître combien Harpagon est craint de ses enfants, que sa voix seule met en fuite.

Scène 3.

Molière a fondu dans cette scène plusieurs de celles de l'*Aululaire*. Dans les scènes 1, 2, 3 du premier acte de la pièce latine, Euclion fait sortir de la maison sa vieille esclave Staphyle, dans la crainte que cette femme, qu'il considère comme une espionne, ne découvre son trésor. Dans la scène 4 du 4e acte, cet avare, qui vient de cacher dans le temple de la Bonne-Foi sa précieuse marmite, apperçoit près de là Strobile, esclave de Lyconide, amant de sa fille. Craignant qu'il ne lui ait dérobé son argent, il l'interroge, lui fait montrer ses deux mains, demande à voir la troisième, « *age, ostende etiam tertiam*, » secoue son manteau, le conjure, après cet examen scrupuleux, de lui rendre ce qu'il a dérobé, *sans qu'il soit obligé de le fouiller*, et finit par le congédier en le vouant à la colère de tous les Dieux. La ressemblance de ces deux scènes est frappante. J'observerai toutefois que celle de Molière est plus naturelle. Dans Plaute, il s'agit d'une marmite pleine d'or, et dont le volume est trop considérable pour qu'on puisse la cacher dans la main, ni dans les plis de son manteau; dans Molière, Harpagon craint que La Flèche ne lui ait dérobé soit une pièce d'argenterie, soit quelque bijou qu'il aurait pu recéler dans sa main ou dans son haut-de-chausses. La scène de Plaute avait déjà été imitée par Chapuzeau, la *Dame d'intrigue*, ou le *Riche vilain*, comédie jouée en 1667.

CRISPIN (le riche vilain)

Çà! montre moi ta main.

PHILPIN (valet)

Tenez.

CRISPIN

L'autre.

PHILPIN

Tenez, voyez jusqu'à demain.

CRISPIN

L'autre.

PHILPIN

Allez la chercher : en ai-je une douzaine ?

Voyez. MARMONTEL, *Elém. de littér.*, art. *Comédie.* Marmontel propose de substituer dans Molière le mot *l'autre* au mot *les autres*, qui selon lui (et je crois qu'il a raison) est une erreur qui s'est glissée de la représentation dans l'impression. Voyez aussi sur cette scène CAILHAVA, *Art de la Coméd.*, tom II, ch. 18; IDEM, *Etud. sur Molière*, p. 213 etc. Voiture considère comme un trait d'excellent comique, dans Plaute, le mot d'Euclion : *cedo tertiam.* « Cela représente plaisamment, dit-il, un veillard soupçonneux qui » s'imagine qu'un homme a une *troisième main* pour » voler. » *Lett.* 91, à M. Costart, tom. I, p. 209. Fénélon, *Lett. sur l'éloquence*, blâme au contraire le *cedo tertiam*, et par suite, le mot *l'autre* de Molière. J'avoue avec lui qu'un fou seul peut demander à voir *la troisième main*; mais il suffit d'être, comme Harpagon, distrait par sa préoccupation, pour oublier qu'on a déjà vu les deux mains, et demander encore à voir *l'autre.* « Le mot de Plaute, dit à ce sujet » Laharpe, est d'un farceur, celui de Molière est d'un » comique. »

Ces grands hauts-de-chausses sont propres à devenir les recéleurs des choses qu'on dérobe, et je voudrois qu'on en eût fait pendre quelqu'un. Ce mot peint bien la préoccupation d'un avare qui, emporté par la colère, ne réfléchit pas combien il est ridicule de vouloir faire *pendre*, *comme recéleur*, un objet inanimé.

La peste soit de l'avare et des avaricieux! Le P. Bouhours, *Ent. d'Ariste et d'Eugène*, entr. 2, p. 100, condamne le mot *avaricieux*, qui en effet n'appartient qu'au style familier. Mais ici, il est parfaitement placé. Essayez de mettre *avare* au lieu d'*avaricieux*, et voyez si la phrase ne perdra pas beaucoup de son comique de style.

Et moi, je pourrois bien parler à ta barrette. Parler à la barrette de quelqu'un : *Alicujus barretam alloqui.* BEZE, *Lettre à Liset* sous le nom de *Passavantius* p. 173, signifie au figuré : affronter quelqu'un, lui dire en face des vérités dures. Dans le passage de Molière, il signifie, je crois, battre, frapper à la face, de manière à faire sauter la *barrette*, ou le bonnet. Dans le style familier, *je lui parlerai* se dit quelquefois d'une personne que l'on se propose de maltraiter ; *Prends garde que je ne parle à tes culottes*, dit-on à un enfant que l'on menace du fouet.

SCÈNE 4.

Je ne me plais point à voir ce chien de boiteux là. on sait que ce mot *boiteux* est une allusion à l'acteur Béjart, chargé originairement du rôle de Laflèche, lequel boitait par suite d'une blessure qu'il avait reçue en séparant deux de ses amis qui se battaient en duel. Voyez TASCHEREAU, *Vie de Molière* p. 236, etc. etc.

Les coffres-forts me sont suspects etc. Ce mot est un trait de caractère. Un avare défiant comme Harpagon, doit naturellement considérer un coffre-fort *comme une franche amorce à voleurs et la première chose qu'on va attaquer.* C'est dans *un pot* et non dans *un coffre* que l'avare Euclion cache son trésor. On peut néanmoins supposer que ce dernier a fait ce choix par économie, et dans le dessein de s'épargner l'achat d'un coffre.

SCÈNE 5.

Nous feignions à vous aborder. Feindre signifie ici hésiter. Voyez LA MONNOYE, *Noëls Bourg.*, vocabul. au mot *Feinte* : FR. GENIN, *Lex. de la langue de Molière,* p. 182. Ce mot a été employé dans le même sens par nos anciens écrivains :

Se de riens vous puis avancer,
Jà ne m'en verrez un jour *faindre.*
Rom. de la Rose v. 13311, 13312.

C'oncques de riens ne se volt *faindre*,
En place où il pooist ateindre.
GUÉRIN, *Fab. des Tresses ;* Fab. Méon t. IV, p. 393.

« Qui *feignent* à dire vérité quand lieu et temps en est. »
J. GERSON, *Har. à Charles VI*, Ed. de 1824, p. 31 etc.

Il y auroit là de quoi faire une bonne constitution. Constitution est pris ici dans le sens d'*établissement d'une rente.*

« Ils ont du bien de reste : tous les ans, s'ils vouloient, ils feroient quelque *constitution* ; mais ils aiment mieux donner aux pauvres. »
TALLEMANT DES RÉAUX, *Histor.*, Art. *Mad. Pileu ;* Ed. Monmerqué t. III, p. 343.

Harpagon veut dire qu'avec l'argent que son fils dépense pour sa toilette, on pourrait chaque année *constituer* ou établir une rente.

Si vous êtes heureux au jeu, vous devriez en profiter, etc. Un père qui aurait la moindre idée de morale, blâmerait son fils d'avoir contracté l'habitude du jeu, et lui ferait de sages représentations sur les affreux dangers dans lesquels cette passion funeste peut l'entraîner. Tout au contraire : comme son fils lui dit qu'il joue heureusement, Harpagon ne voit dans le jeu qu'un moyen de gagner de l'argent, et profite de l'occasion pour lui donner des leçons d'usure, auxquelles ils ne tardera pas de joindre l'exemple.

A quoi servent tous ces rubans... et si une demi-douzaine d'aiguillettes ne suffiroit pas pour attacher un haut de chausses. Dandin reproche également à son fils les *rubans* dont il se pare.

« Chacun de tes rubans me coûte une sentence. »
RACINE, *les Plaideurs*, act. 1, sc. 4.

mot d'un excellent comique. La mode des chausses tombantes avait succédé à celle des *aiguillettes* (*) que les vieillards conservèrent longtemps : ils fesaient en quelque sorte un crime aux jeunes gens de ne pas se conformer à cet antique usage. — Scarron dit en parlant de son père : « Il a menacé cent fois son fils » aîné de le deshériter, parce qu'il lui osoit soutenir » que Malherbe faisoit mieux des vers que Ronsard, et » lui a prédit qu'il ne feroit jamais fortune, parce » qu'il ne lisoit pas la bible, et qu'il n'étoit jamais » *aiguilletté.* » Voy. GUIZOT, *Corneille et son temps*, Par. 1852, p. 413.

A ne les placer qu'au denier douze. Denier, en

(*) Les merciers qui vendaient ces *aiguillettes*, prenaient souvent pour enseigne l'*y grec*, par une froide allusion à la ressemblance entre le nom de cette lettre, et ces mots : *lie gregues*, ce qui sert à *lier* les *gregues* ou les chausses.

terme de prêt ou de placement d'argent, signifie la partie du principal exigée pour intérêt : *Denier six*, la *sixième* partie de la somme ; *denier quatre*, le *quart* etc. Le prix des rentes ou placements était par ordonnance royale, au *denier vingt*, c'est-à-dire au *vingtième* du principal ; ainsi placer au *denier douze*, c'est-à-dire en retenant comme intérêt le *douzième* de la somme prêtée, c'était déjà une usure assez forte. On verra plus bas qu'Harpagon ne se contente pas de si peu dans ses opérations personnelles.

Je crois qu'ils se font signe l'un à l'autre de me voler ma bourse. Harpagon est défiant, comme tous les avares, et ses enfants eux-mêmes n'échappent pas à ses soupçons. « Pour aller ainsi vêtu, il faut bien que vous me dérobiez » a-t-il dit plus haut à son fils.

Le bien n'est pas considérable lorsqu'il est question d'épouser une honnête personne. Considérable, pour : *à considérer*, était encore en usage au siècle de Louis XIV. « Les paroles de ce fameux critique sont *considérables.* » MÉNAGE, *Observ. sur Malherbe*, liv. v, p. 248, etc. Voyez FR. GÉNIN, *Lex. de Molière*, p. 79 etc.

Vous êtes résolu, dites-vous..... La farce italienne intitulée : *Arlequin et Célio valets dans la même maison*, offre un quiproquo à peu près semblable. Magnifico fait part à Célio qui a toute sa confiance, du projet qu'il a de marier sa fille Eléonora. Célio se réjouit d'abord dans l'idée que son patron veut le prendre pour gendre ; et sa joie se change bientôt en désespoir, lorsqu'il s'aperçoit que Magnifico destine à sa fille un autre époux. Mais comme l'observe très judicieusement Cailhava, la position de Cléante qui trouve un rival dans son père, est bien plus embarrassante pour lui, et par conséquent bien plus comique pour le spectateur, que celle de Célio, qui, ne devant rien à son concurrent, peut sans scrupule croiser ses vues et le supplanter. Voyez CAILHAVA, *Art de la Comédie*, tom II, ch. 18, p. 273, 274 ; IDEM. *Etud. sur Molière*, p. 218.

Allez vite boire dans la cuisine un verre d'eau claire. — Un des traducteurs anglais de l'*Avare* a substitué au *verre d'eau claire*, un *grand verre d'eau-de-vie*. Comme l'observe Cailhava, *Art de la Comédie*, tom II, ch. 18, p. 303 *note*, il n'a point du tout saisi le caractère de l'avare. Je dirai plus, il a substitué à un trait piquant de caractère le *non-sens* le plus absurde.

SCÈNE 6.

Quant à ton frère, je lui destine une certaine veuve dont, ce matin, on m'est venu parler. Cailhava, *Etud. sur Molière*, p. 221, semble regretter qu'il ne soit plus question de cette veuve dans le cours de la pièce, et que Molière ait tendu ainsi un fil qui ne devait servir à rien. J'observerai qu'Harpagon, après avoir pourvu au mariage de sa fille, doit naturellement songer à marier son fils, dont il n'est pas moins impatient de se débarrasser. D'un autre côté, l'apparition en scène de cette veuve, dont on a seulement *parlé* à l'avare, ne ferait que compliquer et ralentir la marche de la pièce. D'ailleurs, l'amour de Cléante pour Mariane, la déclaration qu'il en fait plus tard à son père, la querelle qui en est la suite et les évènements qui se succèdent doivent nécessairement faire perdre de vue à Harpagon ce projet en l'air, dont il n'avait fait mention qu'en passant, et par forme de conversation.

Je suis très humble servante au Seigneur Anselme etc. Dans le *Tartufe*, Mariane refuse également la main de l'hypocrite que son père lui destine; mais en fille soumise, elle se borne à des prières. C'est à la servante Dorine que Molière a réservé le soin de combattre avec vigueur, par des arguments et même par des plaisanteries assez vives, ce ridicule projet de mariage. Ici, comme à son ordinaire, Molière s'est montré profond et judicieux observateur du cœur humain. *Mariane* (du Tartufe) est douce, modeste, habituée à aimer, à respecter Orgon, qui, à son engouement près pour Tartufe, est en effet respectable, et qui a toujours été bon père. *Elise*, dont l'avare a négligé l'éducation, à qui il n'a jamais témoigné de tendresse, parce qu'il n'aime que son or, n'a pour son père ni affection, ni respect. Aussi lui oppose-t-elle la résistance ferme et peu mesurée d'un esclave qui se révolte contre son tyran, et joint-elle à sa résistance un ton de moquerie qui serait indécent envers tout autre père que le méprisable Harpagon.

Scène 7.

Il s'engage à la prendre sans dot. Dans l'*Aululaire*, act. II, sc. 2, le riche Mégadore, qui a pris la généreuse résolution de faire la fortune d'une jeune personne sans bien, mais honnête, a jeté les yeux sur la fille d'Euclion : il la lui demande en mariage. Longue scène, dans laquelle notre avare, qui ne peut concevoir qu'on forme le projet de se marier à une fille pauvre, soupçonne Mégadore de vouloir se moquer de lui, ou d'avoir découvert qu'il a de l'or et de chercher par ce moyen à se l'approprier. Après de longs préambules, qu'il interrompt plusieurs fois pour aller visiter son trésor, il finit par se rendre, lorsqu'il s'est bien assuré que Mégadore prendra sa fille *sans dot.*

Cailhava observe avec justice que la scène de Molière est préférable à celle de Plaute, en ce qu'Harpagon décèle son avarice par l'opiniatreté avec laquelle il oppose cet argument, selon lui irrésistible : *sans dot*, à toutes les observations que lui fait Valère sur cette union mal assortie, et pour laquelle sa fille éprouve tant de répugnance. Toutefois le commentateur regrette que Molière n'ait pas imité entièrement Plaute, en mettant sur la scène la demande en mariage et l'offre que fait Anselme de prendre Elise sans dot. J'avoue que je ne partage pas à ce sujet le regret de Cailhava. Voyez ci-dessus mes observations sur le caractère d'*Anselme.* — Ceux qui ont vu jouer l'*Avare* par notre excellent acteur Grandmenil, se rappelleront avec quelle verve comique il répétait ce mot : *sans dot.*

Ouais! il me semble que j'entends un chien qui aboie. Il ne serait pas impossible que Molière eût emprunté l'idée de cet *a parte* de la scène de Plaute que j'ai mentionnée plus haut et qui lui a fourni le *sans dot* dont il a tiré un parti si comique. Quoi qu'il en soit, cette défiance est bien naturelle dans un avare qui croit que tout le monde en veut à son trésor.

> Si quelque chat faisoit du bruit,
> Le chat voloit son or,

dit plaisamment La Fontaine, dans sa charmante fable : *le Savetier et le Financier.* Cette interruption sert d'ailleurs à justifier une sortie nécessaire pour donner à Valère le temps d'expliquer à Elise les motifs qui l'ont déterminé à ne pas heurter de front Harpagon, en combattant avec vigueur ses projets; condescendance qui, comme on le verra plus bas, lui conserve et augmente même la confiance aveugle du vieillard.

SCÈNE 8.

Mais on découvrira la feinte si l'on appelle des médecins. Molière ne peut résister à la tentation de lancer en passant une épigramme contre la faculté.

SCÈNE 9.

Je veux que tu prennes sur elle un pouvoir absolu. Cailhava croit appercevoir dans cette scène une légère imitation d'une comédie italienne : *Arlequin et Célio, valets dans la même maison.* Dans la pièce italienne, Magnifico remet à Célio, qui s'est par adresse introduit chez lui en qualité de commis, toute autorité sur Arlequin son valet. Mais, comme Cailhava l'observe lui-même, il n'y a rien de bien saillant à ce qu'un maître donne à son commis le droit de commander et d'instruire un domestique subalterne : il est au contraire très comique de voir un père abdiquer, pour ainsi dire, son autorité paternelle en faveur de l'amant de sa fille et lui donner sur elle *un pouvoir absolu.* Voy. CAILHAVA, *Art de la Comédie,* tom II, c. 18.

SCÈNE 10.

Je m'en vais faire un petit tour en ville et je reviens tout à l'heure. Cailhava blâme cette sortie de l'avare et cette promenade, qui, selon lui, est inutile à la marche de la pièce ainsi qu'à la peinture du caractère, et qui ne sert qu'à motiver un entr'acte. Voy. *Art de la Comédie*, tom. 1, c. 39. Mais ne peut-on pas supposer que ce *petit tour en ville* n'est qu'un prétexte de l'avare pour aller revoir sa chère cassette, visite qu'il ne peut, comme de raison, avouer à Valère? Cette sortie serait alors motivée et rentrerait dans le caractère d'Harpagon. Les mots : *Je reviens tout à l'heure,* sembleraient justifier ma conjecture.

ACTE II. — Scène I.

Votre père amoureux !... se moque-t-il du monde? Et l'amour a-t-il été fait pour des gens comme lui? On voit que Molière ne se dissimule pas que l'amour d'Harpagon est ridicule. Mais combien cet amour ajoute au comique de la pièce! Voyez ci-dessus *(Observ. générales).*

Lorsqu'on en est réduit à passer comme vous par les mains des Fesse-Mathieus. — Les philologues et les parémiographes ont proposé diverses conjectures sur l'étymologie du sobriquet de *Fesse-Mathieu* donné aux usuriers. La plus vraisemblable est selon moi, celle de Leduchat qui pense que *Fesse-Mathieu* est une altération de *Feste-Mathieu*, celui qui *fête St-Mathieu*, qui est de la confrérie de St Mathieu. On sait que ce saint évangéliste avait été avant sa conversion, banquier ou receveur des impôts, et que d'après cette circonstance, il était considéré comme le patron des banquiers et des prêteurs sur gages :

» Et puis mettre tout en gage,
Pour enrichir *St-Mathieu.* »

JOACH. DU BELLAY, *Poés.*, fol. 189.

Consultez *Contes d'Eutrapel*, p. 219 ; FLEURY DE BELINGHEN, *Etym. des prov.*, liv. II, ch. 31, § III, p. 225, 226 ; OUDIN, *Curios. franç.*, p. 219 ; *Ducatiana*, part. 2, p. 517 ; LA MÉSANGÈRE, *Dict. des prov.*, p. 182, 183 etc.

Pour les mille écus restant, il faudra que l'emprunteur prenne les hardes, nippes, bijoux dont s'ensuit le mémoire etc. Nos usuriers modernes ne le cèdent en rien sur ce point à Harpagon, et ceux qui sont forcés de passer par leurs mains peuvent en dire des nouvelles. On cite entre autres un jeune homme que son prêteur obligea de prendre, comme argent comptant, pour une partie de la somme prêtée, une collection de *souricières.* — Un autre jeune homme, qui depuis s'est fait un nom en littérature, fut, dit-on, également forcé de prendre pour appoint un certain nombre de *cercueils.* Il les revendit, comme de raison avec un peu de perte, et n'en réserva qu'un seul pour y renfermer ses habits qui s'y étendaient de toute leur longueur plus facilement que dans une malle. — Dans un canevas italien intitulé : *Il dottore bacchetone* (le docteur bigot) (*), Pantalon emprunte de l'argent au docteur qui ne lui compte que les deux tiers de la somme, et qui lui propose, pour le reste, des vieilleries, qu'il vante comme de précieuses antiquités : *la barbe*

(*) Il ne faut pas confondre le *Dottore bacchetone* avec le *Bacchetone falso* de *Gigli.* Cette dernière pièce est une imitation du *Tartufe* de Molière.

d'Aristote, la *ceinture de Vulcain* etc. Voy. Cailhava, *Art de la Coméd.*, t. II, ch. 18; Idem, *Etudes sur Molière*, p. 217 etc. Il est inutile d'observer que la *barbe d'Aristote* etc. tiennent de la farce ; au lieu que les vieilles nippes offertes par Harpagon, pouvant avoir été conservées dans un garde-meuble, sont plus naturelles et rentrent par conséquent dans le domaine de la comédie. Regnard a également signalé cette sorte d'exaction des usuriers.

« Quel charme qu'un époux qui, flattant sa manie,
Fait vingt mauvais marchés tous les jours de sa vie,
Prend pour pour argent comptant, d'un usurier fripon,
Des singes, des pavés, un chantier, du charbon. »

Le Joueur, act. IV, sc. 1.

Je vous vois, Monsieur, ne vous en déplaise etc. Voy. Rabelais, liv. III, ch. 2.

Et l'on s'étonne après cela que les fils souhaitent qu'ils meurent! Réflexion abominable ; mais qu'elle leçon pour les pères avares ! Au reste Harpagon semble en quelque sorte la justifier, ou du moins la faire excuser, lorsque, dans la scène suivante, il répond à son courtier Simon qui lui dit que le prêteur assure que son père mourra avant qu'il soit huit mois : *C'est quelque chose que cela!* Harpagon mérite bien d'avoir un fils comme Cléante.

Je croirois, en le volant, faire un acte méritoire. Molière n'a-t-il pas, par ce mot, bien naturel d'ailleurs dans la bouche d'un valet fripon, voulu préparer de loin le spectateur au vol de la cassette ?

Scène 2.

La charité, maître Simon, nous oblige à faire plaisir aux personnes lorsque nous le pouvons. Il est assez plaisant d'entendre Harpagon parler de *charité*, lorsqu'il s'agit de prêt usuraire ; toutefois cela n'est pas sans exemple. Une personne qui se piquait de dévotion disait en ma présence, qu'elle avait prêté, par *charité*, à une autre une somme assez forte, et fut obligée de convenir que le prêt avait été fait à *huit pour cent*. Le taux légal était alors de *quatre*, au plus *cinq*.

Monsieur est la personne qui veut vous emprunter les quinze mille livres dont je vous ai parlé. Cette scène et la suivante renferment à la fois, selon la judicieuse observation de Marmontel, le comique de caractère et le comique de situation, c'est-à-dire dans lequel les personnages sont engagés par les vices du cœur, dans une situation humiliante, qui les expose à la risée et aux mépris du spectateur. Voy. *Élém. de Littér.*, art. *Comédie.* — Molière, comme on le sait, a emprunté ce trait d'excellent comique à la *Belle plaideuse* de Bois Robert, comédie en 5 actes et en vers représentée vers 1654 (*). Ergaste, fils du riche avare Alcidor, voulant procurer de l'argent à Argine, mère de sa maîtresse Corinne, et qui plaide pour une grosse succession, a recours à un notaire, lequel lui procure de l'argent à un intérêt exorbitant. Abouché avec l'usurier, Ergaste reconnaît en lui son père Alcidor.

LE NOTAIRE.

Il sort de mon étude,

Parlez lui.

(*) *La Belle Plaideuse* était originairement un de ces contes ou scènes comiques que Bois Robert débitait dans les sociétés, et dont il voulait, disait-il, faire une pièce intitulée le *Père Avaricieux*; on prétend, et il n'en disconvenait pas trop lui-même, que son intention était de jouer le Président de Bercy et son fils, qui, après avoir été débauché, devint par la suite plus avare encore que son père. Voy. TALLEMANT DES REAUX, *Histor.*, art. *Bois Robert*, Edit. Monmerqué, tom. II, p. 167, 168.

ERGASTE.

Quoi ! C'est là celui qui fait le prêt ?

LE NOTAIRE.

Oui, Monsieur.

ALCIDOR (au notaire)

Quoi ! c'est là ce payeur d'intérêt ?

(à son fils),

Quoi ! C'est donc toi, filou, méchant, traîne-potence !
C'est en vain que ton œil évite ma présence :
Je t'ai vu.

ERGASTE.

Qui doit être enfin le plus honteux,
Mon père ! Et qui paraît le plus sot de nous deux ? etc.

CAILHAVA, *Art de la Coméd.*, t. II, ch. 18, trouve la scène de Molière bien supérieure à l'original.

SCÈNE 4.

Il est à propos que j'aille faire un petit tour à mon argent. Harpagon qui, après la découverte qu'il vient de faire, doit, plus que jamais, se défier de son fils, et qui d'ailleurs a vu Laflèche s'éloigner, craint naturellement quelque tentative contre son cher trésor, et par conséquent est pressé de voir si rien ne périclite de ce côté. Cette sortie a d'ailleurs l'avantage de donner lieu à une scène de reconnaissance et d'éclaircissement entre Laflèche et Frosine, scène qui contribue à la marche de la pièce, en ce qu'elle fait mieux connaître l'intrigante, et dans laquelle, outre des mots assez comiques, on retrouve un nouveau portrait piquant de l'avare.

SCÈNE 5.

Ah ! ma foi, tu seras bien fine si tu en tires

quelque chose. « Ce vieil avare (dit Strobyle à Con- » grion) est plus sec, plus aride qu'une pierre ponce. »

« Pumex non æque est aridus atque hic est senex. »
PLAUT., *Aulul.*, act II, sc. 4.

Donner est un mot pour qui il a tant d'aversion qu'il ne dit jamais : je vous donne, mais je vous prête le bonjour. Dans l'*Aululaire* de Plaute, Strobile dit en parlant de l'avare Euclion : « Tu lui demanderais la famine, qu'il ne te la donnerait pas. »

Famem, Hercle, utendam si roges, nunquam dabit.
Aulul, act II, sc. 4.

On cite plusieurs exemples de l'aversion de quelques avares pour le mot *donner*, qu'ils n'emploient en général qu'à regret. Le cardinal Mazarin, qui ne passait pas pour un modèle de générosité, disait à Mme Tubeuf : « Puisqu'il faut vous *donner* quelque chose, je vous *donne*... le bon jour. » Un anglais très avare et très riche à qui l'on demandait ce qu'il *donnait* en mariage à son fils, répondit : « je lui *donne*... mon consentement. » Voy. WALEKENAER, *Mém. sur Mme de Sévigné,* not. et éclairciss., t. III, p. 497. — Chacun connaît le conte de cet avare, qui, voulant faire un testament olographe, écrivit assez facilement le préambule, mais qui arrivé à ces mots je *donne et lègue*, ne put vaincre sa répugnance pour le mot *donne* et laissa son testament incomplet. Je me permettrai ici deux petites chicanes de mots : 1° *Je vous prête le bonjour* est bien dans le caractère de l'avare, qui *prête* volontiers, pourvu que ce soit sur bons gages et à gros intérêts ; mais je doute qu'on ait jamais dit : je vous *prête* le bon jour : on dit plus ordinairement je vous *donne* ou je vous *souhaite*. Cette dernière formule est la plus usitée et Harpagon aurait pu l'employer sans contrarier son aversion pour le mot *donner*. — 2° *Un mot pour qui* etc : on dirait maintenant *pour le quel*. *Qui* avec une préposition ne s'employe plus qu'en parlant des *personnes*. Au reste cette règle n'était pas encore reçue à cette époque. On trouve *qui* employé en parlant des *choses* dans La Fontaine, Boileau, Racine etc. Voyez mon *Vocabulaire de Lafontaine*.

Je sais l'art de traire les hommes. Voltaire condamne cette expression *traire les hommes*, comme *grossière*. Voy. *Vie de Molière*. Elle le serait dans la bouche de tout autre personnage ; mais elle est énergique et selon moi trés bien placée dans la bouche de Frosine, personnage d'un rang subalterne, et qui compte faire d'Harpagon, comme on le dit vulgairement, une *vache à lait*.

SCÈNE 6.

Cependant, Frosine, j'ai soixante ans bien comptés. Les vieillards, lorsqu'ils jouissent d'une bonne santé, mettent une sorte de coquetterie à ne pas dissimuler leur âge, et même quelquefois à se dire plus âgés qu'ils ne le sont réellement.

Soixante ans ? Voilà bien de quoi ! C'est la fleur de l'âge. Si M. Flourens avait vécu du temps de Molière, on serait tenté de croire que Frosine a pris de ses leçons.

Vous êtes d'une pâte à vivre cent ans. C'est ce que l'on dit vulgairement à un vieillard qui jouit d'une bonne santé. Napoléon le dit un jour au cardinal du Belloy, archevêque de Paris, qui malgré son grand âge, 98 ans, assistait à une de ses audiences. « Sa » Majesté, dit tout bas le prélat à un de ses amis, me

» coupe les morceaux bien courts. » Napoléon n'eût pas donné lieu à cette réflexion, si, comme Frosine, il eût ajouté : « Vous passerez les *six-vingts.* » J'observerai en passant que l'on comptait autrefois par *vingtaines*, usage dont il reste des traces dans les mots *quatre-vingts*, (quatre fois *vingt*), *quinze-vingts* (quinze fois *vingt* ou trois cents).

Montrez-moi votre main. Ah! mon Dieu, quelle ligne de vie! Aristote indique comme signe de longue vie *deux lignes prolongées dans la main.*

« Vitæ brevis signa ponit (Aristoteles) raros dentes, prolongos digitos, plumbeum colorem, pluresque in manu incisuras; nec perpetuas: contrà longæ esse vitæ incurvos humeris, et in manu unà *duas incisuras longas* habentes. »

PLIN., *Hist. nat.*, lib. XI, cap. 52. (al. 114.)

FROSINE : *vous mettrez en terre vos enfants, et les enfants de vos enfants.* HARPAGON : *Tant mieux.*

« Les sentiments humains, mon frère que voilà! »

Je marierois le Grand Turc avec la République de Venise. Cailhava pense que Molière pourrait bien avoir emprunté cette idée de Rabelais qui se vante de pouvoir mettre paix, ou pour le moins trève entre le Grand Roi et les Vénitiens. Il ajoute que le mot de Frosine doit être considéré comme une plaisanterie, et non comme une *grossièreté de style*, ainsi que le prétend Voltaire, *Vie de Molière*. Voy. CAILHAVA, *Etud. sur Molière*, p. 219.

C'est que je suis obligé, Frosine, de donner à souper au seigneur Anselme. Nouveau trait de caractère. Un avare lorsqu'il ne peut se dispenser de donner un repas, n'est pas fâché de réunir plusieurs personnes, afin de ne se mettre qu'une fois en dépense au lieu de deux; d'autant plus que, comme le dit plus bas Harpagon (act. III, sc. 5), « quand il y a à manger pour huit, il y en a bien pour dix. »

Premièrement, elle est nourrie et élevée dans une grande épargne de bouche, etc. « L'argent épargné est le premier gagné, » dit le proverbe; mais on sent bien que l'Avare ne doit adopter cette maxime que jusqu'à un certain point. Aussi est-il loin de prendre pour argent comptant le calcul de dot négative proposé par Frosine.

Elle a une aversion épouvantable pour les jeunes gens et n'a de l'amour que pour les vieillards. Dans *Arlequin dévaliseur de maisons*, Scapin persuade à Pantalon que la jeune beauté dont il est épris fait un cas singulier de la vieillesse, et Pantalon donne sa bourse à celui qui flatte son amour-propre. Frosine attaque l'Avare avec les mêmes armes; mais il sort vainqueur et sans bourse délier de ce combat. Voy. CAILHAVA, *Art de la Coméd.*, tom. II, ch. 18. — IDEM, *Etud. sur Mol.*, p. 217.

Votre fluxion ne vous sied point mal, et vous avez grâce à tousser. Molière qui jouait le rôle d'Harpagon, fait ici allusion à cette toux fréquente que lui causait la maladie de poitrine à laquelle il succomba.

ACTE III. — SCÈNE 1.

Allons venez-çà tous, que je vous distribue mes ordres pour tantôt. Harpagon obligé de sortir de son caractère, et d'étaler un peu de faste pour donner à souper à son gendre futur ainsi qu'à sa maîtresse, acte auquel il donne une sorte de solennité en rassemblant toute sa maison, y rentre néanmoins par la lésinerie qu'il met dans ces dépenses indispensables. Voici comme Aristote nous peint l'*Avare fastueux* : « Les avares aussi, lorsqu'ils possèdent une grande » fortune, veulent quelquefois imiter la magnificence ; » mais ils l'imitent mal, restant toujours au-dessous » de ce qu'il faudrait faire, balancent longtemps pour » la plus petite dépense, visent sans cesse à épar- » gner, ne donnent qu'à regret, et croyent cepen- » dant toujours en avoir fait beaucoup plus qu'il » n'était nécessaire. » *Traité de Morale,* liv. IV, ch. 2.

« *S'il s'en écarte quelqu'une (des bouteilles), ou* » *s'il se casse quelque chose... je le rabattrai sur vos* » *gages.* » Ce trait, signalé par Théophraste, *Caract.*, c. 10, rentre trop dans le caractère de l'Avare pour que Molière ait négligé de le signaler, sans avoir pour cela été obligé de consulter Théophraste. Voyez aussi *Comtesse d'Escarbagnas,* sc. 10. Ces précautions sont très naturelles et se répètent encore tous les jours par ceux qui veulent briller au-delà de leurs moyens ; ridicule assez commun, car dans ce siècle d'égalité, chacun cherche à éclipser tous les autres.

Scène 2.

Quitterons-nous nos souquenilles, monsieur ? En Russie, où l'on se fait une sorte de point d'honneur d'avoir un grand nombre de domestiques et d'étaler les livrées les plus brillantes, les domestiques, vêtus ordinairement d'habits grossiers, prennent, pour servir dans les repas ou dans les fêtes, de riches vêtements qu'ils s'empressent de quitter lorsque leur service est fini.

SCÈNE 3.

Pour vous, ma fille, vous aurez l'œil sur ce que l'on desservira... cela sied bien aux filles. C'est à peu près la seule fois qu'Harpagon fasse la leçon à Elise sur la conduite que doit tenir une jeune personne destinée à être à la tête d'une maison, car comme on l'a déjà vu, il s'embarrasse fort peu de l'éducation de ses enfants. Encore ne donne-t-il cette leçon que parce qu'elle est utile pour son intérêt personnel.

SCÈNE 5.

Or, ça, maître Jacques, je vous ai gardé pour le dernier. Comme je l'ai dit plus haut *(Observ. sur les personnages)*, la double fonction de maître Jacques chez Harpagon prouve l'avarice de son maître qui veut à la fois avoir un train de maison et dépenser le moins possible. Ce cumul n'est pas d'ailleurs sans exemple. J'ai connu un homme qui n'avait à son service que deux personnes, une cuisinière, et un domestique mâle, qu'il qualifiait de *valet de chambre*, et qui était en même temps *cocher*, *jardinier*, habillait son maître, soignait la maison, etc. Le lazzi de Maître Jacques qui, lorsque Harpagon lui donne ses ordres comme *cuisinier*, ôte sa casaque, qu'il reprend ensuite quand son maître s'adresse au *cocher*, ne rentre-t-il pas un peu dans le genre de la farce? Au reste, il est indiqué par Molière, aussi n'est-ce qu'en passant que je me permets cette observation.

Harpagon : *Nous feras-tu bonne chère?* Maître Jacques : *Oui, si vous me donnez bien de l'argent.* Dans une pièce d'Antiphane, citée par Athénée, liv. viii, c. 15, un des personnages dit : « Tu achè-» teras ce qu'il nous faut. Oui, répond l'interlocu-» teur, quand j'aurai reçu de vous quelque argent ; » car autrement je ne sçais pas acheter. » Je ne prétends pas que Molière ait emprunté d'Athénée la réponse toute naturelle de Maître Jacques : la nature a le même langage dans tous les temps et chez tous les peuples.

Voilà leur épée de chevet, de l'argent. Épée de chevet, au figuré, sorte de lieu-commun ou d'argument banal dont on se sert pour appuyer son opinion, et dont on tire le même secours qu'un voyageur tire de l'*épée* qu'il a placée *sous son chevet* pour se défendre en cas d'attaque.

Potages, entrées, rôt... Cailhava, *Et. sur Molière,* p. 224, blâme avec raison cette longue énumération de plats ajoutée, dit-il, par quelques-uns des acteurs qui jouent le rôle de Maître Jacques, et que M. Auger a cru devoir insérer, comme variante, parce qu'elle se trouve dans quelques éditions postérieures à Molière. Comme Cailhava l'observe très judicieusement, Harpagon n'est plus alors ni avare, ni comique en s'écriant : « ah ! traître, tu manges tout mon bien. » Voyez aussi *Art de la Comédie*, tom. i, ch. 33.

C'est un coupe-gorge qu'une table remplie de trop de mets. « La table, dit le proverbe italien, est » comme une corde que l'on se passe au cou. » *La tavola è una mezza colla.* Voy. Alberti, *Dizz. crit. encicl.*, au mot *Desco* etc. On a dit aussi : *la table tue plus de gens que l'épée.*

« Gourmandise tue plus de gent
» Qu'espée en guerre tranchant. »

Adag. Franç. du 16e siècle; etc.

Des maximes de ce genre doivent aller au cœur d'Harpagon, et Valère ne manque pas d'abonder dans son sens.

Il faut manger pour vivre et non pas vivre pour manger. Ce sage précepte, que Quintilien, *Inst. orat.*, lib. IX, cap. 3, rapporte comme exemple de la figure de mots nommée par les grammairiens grecs *antimetabolè*, conversion ou réciprocation de termes, est généralement attribué à Socrate. Voy. Diog. Laert., lib. II, § 34, cap. 5. — Athen., lib. IV, cap. 15, etc. Nos anciens poëtes français ont également censuré les gourmands qui

... Veulent vivre pour mangier,
Non mangier pour vie alongier.

Eust. Deschamps, *poës. mss.*, fol. 473.

Je veux les faire graver en lettres d'or sur la cheminée de ma salle. Un des imitateurs anglais a voulu renchérir sur cette idée. Il fait dire à l'Avare que cela coûterait trop cher et que la maxime sera tout aussi lisible en l'écrivant avec de l'encre ordinaire. Cailhava, *Art de la Comédie*, tom. II, ch. 18, p. 303, *note*, semble approuver l'auteur anglais. Je ne sais s'il a raison et si Molière n'est pas plus comique en fesant sortir un instant Harpagon de son caractère, sans lui permettre aucune réflexion, enthousiasmé qu'il est d'une maxime qui favorise sa passion dominante.

J'ai une tendresse pour mes chevaux, qu'il me semble que c'est moi-même quand je les vois pâtir.

Cette tendresse de Maître Jacques pour les chevaux de son maître, et qui rappelle l'affection que les Arabes ont pour les leurs, n'a rien d'exagéré. « Un » de mes frères, dit Tallemant des Réaux, a un » cocher qui prioit Dieu pour tout ce qu'il aimoit, » de la manière suivante : Je prie Dieu pour moi, » pour ma femme, pour Monsieur et pour Madame, » pour *mes chevaux*, et pour les enfants du logis. » TALLEMANT DES RÉAUX, *histor.*, art. naïvetés, Edit. de Monmerqué, t. 6, p. 157.

Monsieur, puisque vous le voulez, je vous dirai franchement, etc. Horace, dans une de ses satires, introduit son esclave Davus, qui, profitant de la liberté des saturnales, lui reproche ses défauts. Comme l'esclave voit que son maître commence à se fâcher, il tâche de faire passer ce qu'il va dire pour des propos tenus dans le voisinage. « Cessez, dit-il, de » prendre un air terrible et surtout retenez votre » colère et vos mains. Ecoutez ce que m'a dit le por- » tier de Crispinus. »

« Aufer
» Me vultu terrere; manum, stomachumque teneto :
» Dùm, quæ Crispini docuit me janitor, edo. »

HORAT., lib. II, sat. 7, v. 43 et suiv.

Comme dans Molière, cette précaution oratoire ne réussit pas au domestique trop sincère, Horace en fureur cherche une pierre pour la jeter au donneur d'avis, et le menace de l'envoyer à l'ergastule, lieu où l'on forçait au travail les esclaves rebelles ou négligents.

On n'est pas plus ravi que de vous tenir au cu et aux chausses. Métaphore empruntée des chiens qui poursuivent avec acharnement un homme mal vêtu.

Cette locution populaire et basse est bien placée dans la bouche d'un cocher.

De faire sans cesse des contes sur votre lésine. Il paraîtrait que le mot *lésine*, emprunté de l'italien, s'est introduit dans notre langue vers la fin du XVIe siècle. Math. Regnier se sert du mot Italien, sans même le franciser :

> Faisoit un beau discours dessus la *lésina*.
>
> Sat. 10e.

Les commentateurs de Regnier s'accordent à dire qu'il fait ici allusion à un ouvrage plaisant de Vialardi, composé vers la fin du XVIe siècle et intitulé : *Compagnia della Lezina, dialog. cap.* etc., dans lequel il introduit sous le titre d'*officiers*, des cancres et des avares de première force. Les statuts de cette prétendue confrérie renferment des préceptes de l'économie la plus sordide. — M. Fr. Génin prétend que dans le passage de Regnier, et dans le titre de l'ouvrage de Vialardi, on doit lire *alesina, compagnia dell' alesina : alesina*, dit-il, signifie en italien une *alène de cordonnier*. Cette correction ne me paraît pas du tout nécessaire, puisque l'*aléne* des cordonniers, selliers, etc., se nomme en italien *lesina*, mot qui a été employé par Cecchi, l'un des meilleurs auteurs comiques du XVIe siècle, en parlant des gens d'une avarice sordide. Voyez *Vocabul. della Crusca.* « Je crois, ajoute M. Fr. Génin, pouvoir rapporter » au symbole de l'*aléne*, choisi par Vialardi, cette ex- » pression du peuple, pour dire qu'un cuisinier a été » avare de beurre dans un ragoût : on y a mis du » beurre avec une *aléne*. » Voy. FR. GÉNIN, *Variat. du Lang. Franç.*, part. III, c. 7, p. 390, 391. Si le mot *lesina* n'a été pris dans le sens d'avarice sordide, que par une métaphore empruntée de sa signification d'*aléne*, cela pourrait venir de ce que les savetiers et les autres ouvriers qui font usage de cet outil sont en général, à raison de leur pauvreté, contraints à une économie si sévère qu'elle frise la mesquinerie ; si au contraire on veut assigner une autre origine au mot *lesina* pris dans le sens d'*avarice*, on pourrait le dériver de l'italien *lezzo*, mauvaise odeur, *lezzoso*, puant, sale. *Lesina* serait alors une *avarice sordide*, et pour ainsi dire *puante*. Mais je m'apperçois que je me laisse entraîner à ma manie étymologique. Revenons à Molière.

Celui-là conte qu'une fois vous fîtes assigner le chat d'un voisin. Dans l'*Aululaire*, le cuisinier Strobile, peignant l'avarice d'Euclion, dit qu'une fois un milan lui ayant enlevé son potage, notre homme désespéré court chez le Préteur : là il jette les hauts cris et demande, les larmes aux yeux, qu'on lui permette d'assigner le voleur.

> Pulmentum pridem eii eripuit milvus :
> Homo ad Prætorem deplorabundus venit.
> Infit ibi postulare, plorans, ejulans,
> Ut sibi liceret milvum vadarier.
>
> PLAUT., *Aulular.*, act. II, sc. 4.

Dans Molière, le trait est d'autant plus comique qu'il s'adresse à l'Avare lui-même. J'ajouterai que l'auteur français est plus dans la vraisemblance que l'auteur latin. Euclion ne peut raisonnablement se promettre d'obtenir justice d'un oiseau de proie qui n'appartient à personne et qui vole librement dans l'air, au lieu qu'Harpagon peut espérer qu'il fera condamner à un dédommagement le voisin à qui le chat appartient, et qui en est *civilement responsable*.

Cailhava, *Art de la Comédie*, tom. II, c. 18, prétend que Molière aurait mieux fait de négliger ce trait d'avarice. Je ne le crois pas, et j'estime que cette petite histoire n'est point déplacée dans la bouche d'un valet qui rapporte des *on dit* d'antichambre.

On vous surprit, une nuit, venant dérober vous-même l'avoine de vos chevaux.

« Pontan dit qu'un prestre cardinal, nommé Angelo, ostoit secrettement par chascun jour une partie de l'avoine que le maistre de son escurie avoit coustume de donner à chascun de ses chevaux, par une secrette porte qu'il avait faite pour entrer à l'estable, et continua de faire ce larcin à soy-mesme, jusques à tant que le palefrenier l'ayant surpris de nuit sur le fait comme un larron, fort bien luy mesura les espaules avec cinquante coups de fourche, de quoy l'avare cardinal ne s'osa vanter. »

Duverdier, *div. leç.*, p. 376, 377.

Voyez aussi Guill. Bouchet, *Sérées*, liv. III, fol. 162.

Ce trait, qui n'est que comique, parce qu'il est en récit et rapporté comme un simple cancan, ne le serait plus s'il était mis en scène. Harpagon cesserait alors d'être ridicule, pour devenir vil et bas.

Scène 6.

Cette scène est d'un excellent comique. La forfanterie de Maître Jacques lorsqu'il croit que Valère a peur de lui, sa soumission quand il voit que son adversaire le surpasse en courage, sont bien dans la nature d'un valet. La même situation se retrouve dans plusieurs farces italiennes : *la Cameraria nobile ; Ar-*

lequin et Célio, valets dans la même maison, etc., dans *la Mère Coquette* de Quinaut, etc., Regnard l'a imitée dans *le Joueur*, act. III, sc. II. Ce n'est pas, d'ailleurs, dans la pièce de Molière, un hors-d'œuvre, puisque cette scène amène et motive celle où Maître Jacques, pour se venger, accuse Valère du vol de la cassette. Consultez Cailhava, *Art de la Com.*, c. 18. — Idem, *ibid.*, ch. 26. — Idem, *Étud. sur Molière*, p. 218, etc.

Passe encore pour mon maître, il a quelque droit de me battre. A cette époque, les maîtres ne se fesaient point scrupule de battre leurs domestiques. On en trouve de fréquents exemples dans Molière et dans les autres écrivains du même temps.

Scène 8.

Sa mort vous mettra bientôt en état d'en prendre un plus aimable. Dorimène, dans le *Mariage forcé*, sc. 12, fait le même calcul que Frosine ; mais Dorimène est une coquette sans principes. Mariane, est au contraire une fille amoureuse, mais qui a de la vertu. Aussi accueille-t-elle bien froidement le vil et odieux calcul de l'intrigante Frosine.

Scène 11.

Je serai bientôt défait et de l'un et de l'autre. Comme je l'ai dit plus haut, l'égoïste Harpagon n'éprouve aucun sentiment d'amour paternel, ce qui explique (sans d'ailleurs la justifier), la désaffection de ses enfants à son égard.

Il est vrai que mon père, Madame, ne pourroit pas faire un plus beau choix, etc. La conversation à double entente de Cléante et de Mariane, devant l'Avare, est, selon moi, d'un très bon comique de situation.

Elle a raison. A sot compliment, il faut une réponse de même. Isolé de la bonne société à raison de son amour exclusif pour l'argent, Harpagon a contracté dans ses manières et son langage une grossièreté qui ajoute encore à ses dons pour déplaire. On a vu (act. III, sc. 9), avec quelle maladresse, quel ton sot et prétentieux il aborde sa maîtresse. S'il lui présente sa fille (*ibid.* sc. 10), c'est pour dire que *mauvaise herbe croît toujours.* Bref il justifie en tout point les épithètes d'*homme déplaisant*, de *sot animal,* que lui donne *à parte* Mariane.

Non, il vaut mieux que de ce pas nous allions à la foire. Frosine, qui voit que la conversation pourrait finir par prendre une tournure fâcheuse, l'interrompt sous un prétexte assez naturel.

Scène 12.

Avez-vous vu, Madame, un diamant plus vif, etc. On s'étonnera peut-être de voir une bague de grand prix au doigt d'Harpagon, qui s'est élevé avec tant de force contre la parure élégante de son fils ; mais on peut supposer que l'Avare a reçu ce diamant en gage de quelqu'un de ses emprunteurs, et qu'il n'est pas fâché de s'en parer pour jeter de la poudre aux yeux de la jeune fille qu'il veut épouser.

Non, madame, il est en de trop belles mains. Dans *Arlequin dévaliseur de maisons,* Scapin, sous prétexte de faire voir de près à la belle Angélica les bagues de Magnifico, les met entre ses mains et la force de les garder en disant que Magnifico lui en fait présent : celui-ci enrage et n'ose contredire son valet. Mais, comme l'observe très judicieusement Cailhava, Molière est ici bien supérieur à l'auteur qu'il imite; Magnifico étant un prodigue, et Harpagon un avare, que l'action de son fils place dans une situation embarrassante et très risible pour le spectateur. Voyez *Art de la Coméd.*, t. II, ch. 18. *Etud. sur Mol.*, p. 217, 218.

Je prendrai un autre temps pour vous la rendre. Molière a bien senti que l'Avare sortirait de son caractère, en consentant à laisser la bague à Mariane; mais l'assurance qu'elle lui donne le tranquillise un peu. De son côté Mariane, qui n'est rien moins que disposée à prendre Harpagon pour mari, doit craindre de s'engager en recevant de lui un cadeau de prix. L'auteur fait cesser cette situation embarrassante pour tous deux par l'annonce d'une personne, que l'Avare veut d'abord renvoyer, et qu'il consent à aller recevoir, parce qu'elle lui *apporte de l'argent.* Trait de caractère qui justifie cette sortie nécessaire pour amener l'entr'acte.

Scène 15.

Prends soin, je te prie, de m'en réserver le plus que tu pourras pour le renvoyer au marchand.

« Dans les grands repas, où il faut traiter toute une tribu, » il fait recueillir par un de ses domestiques qui ont soin de » la table le reste des viandes qui ont été servies, pour lui » en rendre compte. »

THÉOPHRASTE, *caract.*, c. 11.

Cette précaution est trop naturelle pour que Molière ait eu besoin d'avoir recours à Théophraste. Cailhava, compare, à propos du passage de Molière, Harpagon avec Euclion. « L'avarice d'Euclion, dit-il, n'est-» elle pas plus prononcée, lorsque, voulant acheter » quelque chose pour le repas de noce de sa fille, et » trouvant la viande et le poisson trop chers, il laisse » à Mégadore le soin d'acheter quelque chose pour le » festin? » *Étud. sur Molière*, p. 213, 214. Voy. aussi *Art de la Coméd.*, tom. II, c. 18. — J'observerai qu'*Euclion*, pauvre hère, qui est censé avoir à peine de quoi manger, peut bien laisser à son gendre futur le soin de payer le repas de noce; mais il n'en est pas de même d'*Harpagon* qui, comme on le sait, a une position sociale relevée, un train de maison, etc.

ACTE IV. — Scène 1.

Vous êtes, par ma foi, de malheureuses gens l'un et l'autre, etc. Frosine, qui a dû se convaincre qu'elle ne peut rien attendre de l'avare Harpagon, passe dans le camp des jeunes gens dont elle a plus à espérer, et pour qui d'ailleurs elle a une préférence assez naturelle.

Si nous avions quelque femme un peu sur l'âge, etc. *Cailhava* blâme Molière d'avoir proposé cette ruse qui, dit-il, n'aboutit à rien. Voyez *Étud. sur Molière*, p. 221. Je ne vois pas que ce reproche soit fondé. Frosine, qui cherche dans sa tête les moyens d'être utile aux jeunes amants, propose en passant, et pour ainsi dire par forme de conversation, ce projet vague, que, par suite des évènements, elle ne peut d'ailleurs songer à exécuter. Ce n'est autre chose qu'un de ces plans en l'air que se proposent les intrigants pour tromper leurs dupes, et que souvent ils abandonnent presque aussitôt après les avoir conçus.

SCÈNE 3.

Or çà, interêt de belle-mère à part, que te semble à toi de cette personne? Tout le monde a remarqué que le stratagème employé par Harpagon est le même que celui au moyen duquel Mithridate découvre l'amour mutuel de son fils Xipharès et de Monime. Voy. RACINE, *Mithrid.*, act. III, sc. 4 et 5. Je ne déciderai pas si, comme semble le croire Cailhava, Racine, dont la tragédie ne parut, il est vrai, que cinq ans environ après l'*Avare*, a emprunté ce stratagème de Molière. J'observerai seulement que le commentateur est peut-être un peu sévère en prétendant que cette ruse, très naturelle et qui rentre dans le caractère jaloux et défiant de Mithridate, est indigne de la tragédie. Racine a, au reste, prévenu jusqu'à un certain point cette objection, lorsqu'il fait dire à son héros :

S'il n'est digne de moi, le piége est digne d'eux.

J'estime que, comme le dit très bien Voltaire, chacun des deux auteurs a atteint son but : l'un a amusé, a réjoui, a fait rire les honnêtes gens aux dépens d'Harpagon ; l'autre a attendri, a effrayé, a fait verser des larmes, et a peint avec la dignité convenable les faiblesses d'un grand homme. De plus, suivant la judicieuse remarque de Laharpe, la cruauté jalouse de Mithridate fait naître dans l'âme du spectateur la crainte pour le sort des deux jeunes amants. « La » scène, dit-il, est tragique, puisqu'elle excite la

» terreur. » — On retrouve des scènes analogues dans plusieurs canevas italiens, entre autres dans *Arlequin dévaliseur de maisons*. Consultez Voltaire, *Vie de Molière* ; Laharpe, *Cours de Littérature*, part. II, liv. I, c. 3, sect. 5 ; Idem, *Comment. sur Racine*, préface de *Mithridate* et notes ; Cailhava, *Art de la Comédie*, tom. II, ch. 18 ; Idem, *Étud. sur Molière*, p. 218, etc.

Scène 4.

Je te veux faire toi-même, Maître Jacques, juge de cette affaire. La farce italienne intitulée *la Cameraria nobile* (la fille de chambre de qualité), offre une situation à peu près semblable. Pantalon et le Docteur sont rivaux : ils en viennent aux mains ; Scapin les sépare à diverses reprises, les prend l'un et l'autre à l'écart, leur demande la raison pour laquelle ils se querellent, et termine pour un temps la dispute en persuadant à chacun en particulier que son rival lui cède sa maîtresse. Cailhava, *Art de la Comédie*, t. II, ch. 18. Dans Molière, la querelle, plus intéressante, puisqu'il s'agit d'un père et de son fils, ne tarde pas à se ranimer dès que les deux rivaux se trouvent en présence et s'aperçoivent que Maître Jacques les a trompés.

Tu m'as fait plaisir, maître Jacques, et cela mérite une récompense. Tout le monde s'étonne de la générosité extraordinaire d'Harpagon; mais on est, comme maître Jacques, comiquement désappointé en voyant qu'il ne tire de sa poche que son mouchoir. Un de nos meilleurs acteurs tirait, au lieu de mouchoir, un morceau de taffetas vert dont il s'essuyait les yeux. Cailhava, *Étud. sur Molière* p. 225, *note*, s'élève avec raison contre cette mauvaise charge, que l'acteur dont il parle rachetait d'ailleurs par la manière admirable dont il jouait l'*Avare* et en général tous les rôles à manteau.

SCÈNE 5.

On oublie aisément les fautes des enfants, lorsqu'ils rentrent dans leur devoir. Un autre père aurait dit : *les fautes des enfants qu'on aime* ; mais l'égoïste Harpagon ne voit dans un père qu'un maître qui commande, et dans les enfants que des esclaves qui doivent obéir.

Je n'ai que faire de vos dons. On a sévèrement censuré l'immoralité de ce mot. « C'est un grand vice, » dit J.-J. Rousseau, d'être avare et de prêter à » usure ; mais n'en est-ce pas un plus grand encore » à un fils de *voler son père*, de lui manquer de respect, de lui faire mille insultants reproches, et » quand ce père irrité lui donne sa malédiction, de » répondre d'un air goguenard qu'*il n'a que faire de* » *ses dons ?* Si la plaisanterie est excellente, en est-» elle moins punissable, et la pièce où l'on *fait aimer* » le fils insolent qui l'a faite, en est-elle moins une » école de mauvaises mœurs ? » *Lett. à Dalembert.* Nous ne sommes pas moins révoltés que J.-J. Rousseau de l'insolence avec laquelle Cléante parle à son père et du mépris qu'il fait de sa malédiction. Nous le reconnaissons, avec l'auteur de Brutus :

> Un fils ne s'arme pas contre un coupable père ;
> Il détourne les yeux, le plaint et le révère.

Mais le philosophe Génevois n'est-il pas ici injuste envers Molière ? Il est évident que, dans cette scène, l'auteur ne cherche pas à *faire aimer* le fils dissipateur, insolent et dénaturé, dont il a, dans toute la pièce, tracé, peut-être à dessein, le caractère tel qu'on ne s'intéresse que très médiocrement à lui. Son but a été de donner aux pères avares, égoïstes comme Harpagon, une leçon forte et terrible, en leur montrant que leurs vices et leurs mauvais exemples détruisent le respect que leurs enfants doivent leur porter, et vont jusqu'à rendre sans effet, même la malédiction paternelle, qui devrait inspirer une salutaire terreur. Quelle affection, quels égards peut attendre d'un fils le père qui, comme Harpagon, l'a plongé dans le désordre par le peu de soin qu'il a eu de veiller sur sa conduite, s'est rendu méprisable à ses yeux par les actions les plus dégradantes, et par les leçons de basse usure qu'il ne craint pas de lui donner (act. I, sc. 5)? Bref, Molière ne dit pas aux enfants : N'ayez point pour votre père le respect qui lui est dû ; il dit aux pères : évitez une passion à la fois desséchante et vile qui, en vous aliénant le cœur de vos enfants, les induira à vous manquer de respect et à se moquer de vos menaces les plus terribles. Comme notre célèbre comique, nous sommes loin d'approuver le fils ; mais nous condamnons en même temps le père. Voyez LAHARPE, *Cours de littér*, part. II, liv. I, c. 6, section 4 ; MARMONTEL, *Apol. du théâtre*; TASCHEREAU, *Vie de Molière*, p. 232 et suiv., etc., etc. — Quant au reproche que J.-J. Rousseau adresse à Cléante de *voler son père*, n'est-il pas un peu exagéré ? Le vol de la cassette est commis, à son insçu, par le valet Laflèche. Sans doute Cléante, quoiqu'il ne l'ait pas excité à ce larcin, peut, jusqu'à un certain point, être considéré comme son complice ; mais si, au moment où le valet vient le lui apprendre à l'improviste, il n'exige pas la restitution immédiate, forcé qu'il est de fuir précipitamment, en entendant les cris de son père, il ne reçoit pas du moins cet argent pour l'employer à son usage : il ne s'en sert que comme d'un moyen de forcer Harpagon à lui céder Mariane, et en effet, à la fin de la pièce, il lui rend, sous cette condition, sa cassette intacte et sans en avoir rien détourné. Je le répète, la conduite de Cléante n'est jamais présentée comme louable et de nature à attirer sur lui l'intérêt, à le *faire aimer*, pour me servir de l'expression de J.-J. Rousseau, mais comme le triste résultat du vice odieux d'Harpagon, et sous ce point de vue, elle ajoute à la moralité de la pièce.

Scène 6.

Ah! monsieur, que je vous trouve à propos! suivez-moi bien vite. Molière a eu le bon esprit de faire cette scène très courte, et toutefois, il a trouvé moyen d'indiquer que Cléante n'était pour rien dans l'action criminelle de son valet : comme je viens de le dire, les cris d'Harpagon le forcent à fuir sans lui donner le temps d'entrer dans aucune explication. Cailhava, *Étud. sur Molière*, p. 224, blâme avec raison quelques acteurs qui dans cette occasion témoignent la joie la plus vive, et vont jusqu'à sauter en riant sur le dos de leur valet qui les emporte hors de la scène. Une pareille conduite serait de nature à donner raison à J.-J. Rousseau et à justifier l'accusation qu'il porte contre Cléante.

Scène 7.

Au voleur! au voleur! à l'assassin! etc. Ce monologue, que le P. Bouhours condamne comme *outré*, est presque littéralement traduit de Plaute, *Aulul.*, act. IV, sc. 9. On le retrouve dans plusieurs autres pièces : *Arlequin et Célio, valets dans la même maison* (farce italienne), P. LARIVEY, *les Esprits*, comédie représentée en 1576, act. III, sc. 6, etc., etc. Cailhava regrette que Molière, ainsi que les différents auteurs qui ont imité le passage de Plaute, aient conservé l'apostrophe que l'Avare adresse au public. On pourrait, disait le célèbre acteur Grandménil, la justifier en supposant la muraille qui est censée séparer le théâtre du spectateur, percée par une fenêtre à travers laquelle l'Avare appelle à son secours les gens qu'il voit passer dans la rue. Cette explication n'est-elle pas un peu forcée ? Il me paraît plus simple d'attribuer l'apostrophe de l'Avare au délire qui s'empare de lui, lorsqu'il se voit privé de son trésor. C'est ce qu'Harpagon reconnaît lui-même : *Mon esprit est troublé, je ne sais où je suis*, etc. Il est alors tout naturel que son hallucination momentanée lui fasse voir près de lui des personnes qui n'existent que dans son imagination, et cette scène n'a plus rien de déplacé ni d'invraisemblable. Voy. le P. BOUHOURS, *Man. de bien penser*, 2e édit. dial. 3, p. 457, 458; CAILHAVA, *Art de la Comédie*, tom. II, ch. 18 ; IDEM, *Étud. sur Molière*, p. 215, 216, etc.

Je veux faire pendre tout le monde et si je ne retrouve mon argent, je me pendrai moi-même après. Dans l'*Aulularia*, ou plutôt dans la continuation de cette pièce, Euclion dit que s'il eût perdu son trésor, il ne lui restait plus qu'à se pendre. « Encore, ajoute-t-il, aurait-il fallu acheter la corde. » Cailhava trouve avec raison ce trait vigoureux, et regrette que Molière l'ait négligé. Voyez *Art de la Comédie*, tom. II, ch. 18 ; IDEM, *Études sur Molière*, p. 214. — Dans la fable du *Trésor et des deux Hommes*, La Fontaine, après avoir dit que l'avare *trouvant son argent absent,* se pend avec la corde laissée par celui qui avait emporté le trésor ajoute :

> Ce qui le consola peut-être
> Fut qu'un autre eût pour lui fait les frais du cordeau.
>
> La Fontaine, liv. IV, fab. 16.

Idée qui rentre dans celle du continuateur de Plaute. Si je ne me trompe, le trait d'Harpagon qui se détermine à se pendre s'il ne retrouve pas sa cassette, mais qui veut auparavant *faire pendre tout le monde,* afin que du moins son voleur n'échappe pas au châtiment, est d'un très bon comique et l'on reconnait bien là son caractère égoïste et haineux.

ACTE V. — Scène 1.

Je voudrois avoir autant de mille francs que j'ai fait pendre de personnes. Ce souhait inhumain du commissaire peint bien l'âpreté des gens de justice de l'ancien régime, et leur mépris pour la vie des hommes.

Je veux que vous arrêtiez prisonniers la ville et les faubourgs. Dans la comédie de Larivey intitulée *les Esprits*, Severin (l'avare), dit, lorsqu'il s'apperçoit qu'on lui a volé son trésor, qu'il va aller au lieutenant-criminel « afin d'avoir commission de faire » emprisonner tout le monde. »

Scène 2.

Maître Jacques : *Qu'on me l'égorge tout-à-l'heure,* etc. Harpagon : *Qui? Celui qui m'a dérobé?* Ce quiproquo, et celui qui suit immédiatement sont assez plaisants. Il n'est pas hors de la nature qu'Harpagon, rempli de l'idée du vol qu'on lui a fait, y rapporte tout ce qu'il entend, et que Maître Jacques ne songe qu'au repas qu'il prépare. Toutefois Molière a eu le bon esprit de ne pas faire durer trop longtemps cette double méprise. On trouve une scène de cuisine à peu près semblable dans l'*Aululaire* de Plaute, act. II, sc. 8; mais elle ne tient en rien à la marche de la pièce, et comme l'observe très bien Cailhava, celle de Molière est plus plaisante et mieux amenée. Voyez *Art de la coméd.*, t. II, ch. 18.

Voici justement ce qu'il me faut pour me venger de notre intendant. Maître Jacques en accusant faussement Valère joue un rôle odieux et qui sort du caractère un peu disinvolte qu'il a montré jusque là. Toutefois, on peut dire, pour atténuer sa faute, d'abord que pris à l'improviste, et intimidé jusqu'à un certain point par les menaces d'Harpagon, que le commissaire n'a point infirmées, il cherche à se tirer d'affaire comme il peut; ensuite qu'il s'imagine que son accusation n'entraînera pour Valère, s'il est innocent, qu'un emprisonnement préventif de quelques jours.

Je crois après cela que je suis homme à me voler moi-même. Plaute va plus loin et dit: « Je me suis » volé moi-même. » *Egomet me defraudavi. Aulul.*, act. IV, sc. 9. — On connaît le conte d'un avare qui avait tellement contracté l'habitude de voler, qu'il se vola à lui-même une pièce d'or dans sa poche pour aller la joindre à son trésor caché. Voy. Fielding, *Jos. Andrews*, liv. IV, ch. 7. Ce vol fait à soi-même me paraît un peu forcé; mais il n'y a rien d'outré dans le mot de l'Avare qui se voyant volé par son intendant, en qui il avait toute confiance, dit qu'il ne peut plus se fier à personne, et porte la défiance jusqu'à douter de lui-même en fait de probité.

SCÈNE 3.

Monsieur, puisqu'on vous a découvert tout, je ne veux point chercher de détours et vous nier la chose. Lyconide, dans l'*Aululaire*, confesse également après un quiproquo sur la fille et le trésor, qu'il a séduit Phédra, fille de l'avare, séduction qui a été beaucoup plus loin que celle de Valère, puisque Phédra devient mère. « Pourquoi ces gémissements, dit Lyconide, puisque je vous fais aujourd'hui grand-père? »

Cur ejulas
Quem hodie ego avum feci ?

Aulular., act. IV, sc, 10.

On retrouve des quiproquos à peu près semblables dans la farce italienne : *Célio et Arlequin, valets dans la même maison*; dans *les Esprits*, comédie de P. LARIVEY, act. V, sc. 2; dans *Gilles ravisseur*, comédie du théâtre des boulevarts, etc., etc. Consultez VOLTAIRE, *Vie de Molière*; CAILHAVA, *Art de la com.*, t. II, ch. 18; IDEM, *Études sur Molière*, p. 216, etc.

Non ferai, de par tous les diables. Non ferai, ellipse pour *je ne le ferai pas*. Cette manière de parler était très en usage chez nos anciens écrivains. On la retrouve encore dans La Fontaine, et peut-être devons-nous regretter qu'elle ne soit plus admise, du moins dans le style familier.

MAÎTRE JACQUES : *Comme larron et comme suborneur*, M. Auger observe que « Ces paroles de *Maître* » *Jacques* ne sont point dans l'édition originale, » mais seulement dans celle de 1682, d'où elles ont » passé dans toutes les autres. » En effet, si je ne me trompe, cette répétition est un peu inconvenante et tendrait à rendre Maître Jacques tout-à-fait odieux.

SCENE 4.

Il valoit bien mieux pour moi qu'il te laissât noyer que de faire ce qu'il a fait. Trait de caractère. L'avare prouve ici, ce qu'on a déjà vu plusieurs fois, dans le cours de la pièce que sa passion pour l'argent a détruit en lui toute affection pour ses enfants. Qu'est-ce en effet, aux yeux d'Harpagon, que la vie de sa fille comparée à une cassette qui renferme dix mille écus ? Elise ajoute encore au comique, en conjurant son père au nom de l'*amour paternel.*

SCENE 5.

C'est vous qui devez vous rendre partie contre lui, et faire à vos dépens toutes les poursuites de la justice, pour vous venger de son insolence. Fidèle à son caractère, Harpagon ne perd pas de vue un instant ses intérêts. Il désire ardemment se venger de Valère ; mais il n'est pas fâché de trouver un prétexte pour faire payer par son gendre futur les frais de justice.

Tout Naples peut rendre témoignage de ma naissance. Cette insistance que met Valère à constater qu'il est d'une famille distinguée, et ce que vient de dire Harpagon sur ceux qui se targuent à faux d'une haute naissance, ferait croire que l'avare a quelque prétention à la noblesse : ce qui, comme je l'ai observé plus haut, ajoute encore un nouveau vernis de ridicule aux actes vils et dégradants de son avarice.

Harpagon voyant deux chandelles allumées en souffle une. Ce lazzi, indiqué par Molière, est très naturel et rentre parfaitement dans le caractère de l'Avare. L'abbé Delille signale le même trait d'avarice.

> Et pour prêcher d'exemple éteint une bougie
> Qui brûle sans nécessité.
>
> *Conversat.*, ch. II.

Mais Cailhava, *Étud. sur Molière*, p. 226, blâme avec justice la tradition en usage à la Comédie-Française, où Harpagon met cette chandelle dans sa poche, de manière à en laisser passer le bout que Maître Jacques rallume. Cette pitoyable farce est également censurée dans le *Dictionnaire dramatique*, Paris, Lacombe, 1786, art. *Jeu de théâtre.*

Quoi! vous osez vous dire le fils de Dom Thomas d'Alburci. On ne peut se dissimuler que toute cette histoire de naufrage, de captivité, etc., tient un peu au genre romanesque en vogue à cette époque, et que ce *roman postiche*, comme le qualifie peut-être un peu trop sévèrement LaHarpe (*Cours de Littér.*, part. II, ch. 6, sect. 4), est la partie faible de la pièce. Quoi qu'il en soit, cette péripétie qui réunit Anselme à sa famille est amenée d'une manière très naturelle. Il est tout simple qu'Anselme, qui s'est rendu chez Harpagon sur son invitation, ne voyant dans Valère qu'un domestique accusé et qui cherche à se justifier en se disant d'une famille distinguée de Naples, exige de lui des preuves de ce qu'il avance. Au reste Molière a su égayer cette scène et la suivante par des traits d'un excellent comique dans lesquels Harpagon continue à développer son avarice, on pourrait même dire sa ladrerie, rendue encore plus saillante par la générosité d'Anselme qui lui accorde sans aucune difficulté ses ridicules demandes.

Je vous prends à partie pour me payer les dix mille écus qu'il m'a volés. Harpagon ne sort pas de son caractère. Dans cette reconnaissance, qui fait retrouver à son ami deux enfants et une femme qu'il croyait avoir perdus pour jamais, l'Avare ne voit qu'une chose, la possibilité de retrouver l'argent qu'on lui a volé.

SCÈNE 6.

Si vous voulez vous résoudre à me laisser épouser Mariane, votre argent vous sera rendu. Cléante en venant spontanément annoncer à son père la restitution de la cassette, fait voir, comme je l'ai dit plus haut, que s'il a consenti à la garder, ce n'est pas pour s'approprier l'argent qu'elle contient, mais seulement comme un moyen d'obtenir la renonciation d'Harpagon à la main de Mariane. Regnard a imité Molière dans le dénouement du *Retour imprévu*, où Géronte, volé par Clitandre et la suivante Lisette, consent, comme Harpagon, au mariage de son fils, à condition qu'on lui rendra vingt mille francs qu'on lui a dérobés. On trouve des marchés à peu près semblables dans *la Sérénade, les Menechmes*, et *le Légataire*, du même auteur. Voy. CAILHAVA, *Art de la coméd.*, tom. II, ch. 26; IDEM, *Étud. sur Molière*, p. 221, etc. Au reste ce trait d'avarice est si naturel que les deux auteurs ont pu se rencontrer fortuitement.

N'en a-t-on rien ôté? Dans la comédie des *Esprits*, de Larivey, Severin, à qui on rend ses deux mille écus, veut les compter pour s'assurer que la somme est complète. Cette précaution est bien dans le caractère défiant d'un avare.

Et moi, voir ma chère cassette. Molière ne pouvait finir par un trait de caractère plus comique. Harpagon se soucie fort peu du mariage de son fils et de sa fille : il ne songe qu'à son trésor pour lequel il avait tremblé. Qu'on vienne, après cela, nous dire, comme l'ont fait quelques commentateurs, qu'Harpagon est moins occupé de sa cassette qu'Euclion de sa marmite.

FIN.

www.ingramcontent.com/pod-product-compliance
Ingram Content Group UK Ltd.
Pitfield, Milton Keynes, MK11 3LW, UK
UKHW021311190726
13839UKWH00007B/1150